中华精神家园

传统美德

笃实宽厚

宽厚品德的生活体现

肖东发 主编　冯化太 编著

中国出版集团
现代出版社

图书在版编目（C I P）数据

笃实宽厚 / 冯化太编著. -- 北京：现代出版社，2014.10

（中华精神家园书系）

ISBN 978-7-5143-3013-7

Ⅰ. ①笃… Ⅱ. ①冯… Ⅲ. ①品德教育－中国－通俗读物 Ⅳ. ①D648-49

中国版本图书馆CIP数据核字(2014)第236299号

笃实宽厚：宽厚品德的生活体现

主　　编：肖东发
作　　者：冯化太
责任编辑：王敬一
出版发行：现代出版社
通讯地址：北京市定安门外安华里504号
邮政编码：100011
电　　话：010-64267325 64245264（传真）
网　　址：www.1980xd.com
电子邮箱：xiandai@cnpitc.com.cn
印　　刷：北京兴星伟业印刷有限公司
开　　本：710mm×1000mm 1/16
印　　张：11
版　　次：2015年4月第1版　2015年4月第1次印刷
书　　号：ISBN 978-7-5143-3013-7
定　　价：29.80元

党的十八大报告指出：“文化是民族的血脉，是人民的精神家园。全面建成小康社会，实现中华民族伟大复兴，必须推动社会主义文化大发展大繁荣，兴起社会主义文化建设新高潮，提高国家文化软实力，发挥文化引领风尚、教育人民、服务社会、推动发展的作用。”

我国经过改革开放的历程，推进了民族振兴、国家富强、人民幸福的中国梦，推进了伟大复兴的历史进程。文化是立国之根，实现中国梦也是我国文化实现伟大复兴的过程，并最终体现在文化的发展繁荣。习近平指出，博大精深的中国优秀传统文化是我们在世界文化激荡中站稳脚跟的根基。中华文化源远流长，积淀着中华民族最深层的精神追求，代表着中华民族独特的精神标识，为中华民族生生不息、发展壮大提供了丰厚滋养。我们要认识中华文化的独特创造、价值理念、鲜明特色，增强文化自信和价值自信。

如今，我们正处在改革开放攻坚和经济发展的转型时期，面对世界各国形形色色的文化现象，面对各种眼花缭乱的现代传媒，我们要坚持文化自信，古为今用、洋为中用、推陈出新，有鉴别地加以对待，有扬弃地予以继承，传承和升华中华优秀传统文化，发展中国特色社会主义文化，增强国家文化软实力。

浩浩历史长河，熊熊文明薪火，中华文化源远流长，滚滚黄河、滔滔长江，是最直接源头，这两大文化浪涛经过千百年冲刷洗礼和不断交流、融合以及沉淀，最终形成了求同存异、兼收并蓄的辉煌灿烂的中华文明，也是世界上唯一绵延不绝而从没中断的古老文化，并始终充满了生机与活力。

中华文化曾是东方文化摇篮，也是推动世界文明不断前行的动力之一。早在500年前，中华文化的四大发明催生了欧洲文艺复兴运动和地理大发现。中国四大发明先后传到西方，对于促进西方工业社会发展和形成，曾起到了重要作用。

中华文化的力量，已经深深熔铸到我们的生命力、创造力和凝聚力中，是我们民族的基因。中华民族的精神，也已深深植根于绵延数千年的优秀文化传统之中，是我们的精神家园。

总之，中国文化博大精深，是中华各族人民五千年来创造、传承下来的物质文明和精神文明的总和，其内容包罗万象，浩若星汉，具有很强文化纵深，蕴含丰富宝藏。我们要实现中华文化伟大复兴，首先要站在传统文化前沿，薪火相传，一脉相承，弘扬和发展五千年来优秀的、光明的、先进的、科学的、文明的和自豪的文化现象，融合古今中外一切文化精华，构建具有中国特色的现代民族文化，向世界和未来展示中华民族的文化力量、文化价值、文化形态与文化风采。

为此，在有关专家指导下，我们收集整理了大量古今资料和最新研究成果，特别编撰了本套大型书系。主要包括独具特色的语言文字、浩如烟海的文化典籍、名扬世界的科技工艺、异彩纷呈的文学艺术、充满智慧的中国哲学、完备而深刻的伦理道德、古风古韵的建筑遗存、深具内涵的自然名胜、悠久传承的历史文明，还有各具特色又相互交融的地域文化和民族文化等，充分显示了中华民族厚重文化底蕴和强大民族凝聚力，具有极强系统性、广博性和规模性。

本套书系的特点是全景展现，纵横捭阖，内容采取讲故事的方式进行叙述，语言通俗，明白晓畅，图文并茂，形象直观，古风古韵，格调高雅，具有很强的可读性、欣赏性、知识性和延伸性，能够让广大读者全面触摸和感受中国文化的丰富内涵，增强中华儿女民族自尊心和文化自豪感，并能很好继承和弘扬中国文化，创造未来中国特色的先进民族文化。

2014年4月18日

先贤垂范——崇实包容

革世致新——务实立德

发扬光大——宽人律己

精神升华——厚德载物

崇实包容

我国古人从舜帝开始，就崇尚宽厚质朴的精神，在为人处事方面，以宽厚为标准，反对虚伪虚妄。舜帝的宽厚质朴精神被儒家创始人孔子升华为“仁”，并以此为核心，形成了与人为善、安贫乐道、谨言慎行等道德思想。春秋战国时的伯牙和钟子期、管仲和鲍叔牙等人，也在人际交往中表现出以笃实宽厚为价值标准的情操。

经过先秦时期的长期实践与发展，古代的笃实宽厚道德精神，已经具有了崇实性和包容性，后来成为了中华民族的传统美德。

舜帝以宽厚待人

中华民族的笃实宽厚的道德实践，从尧舜禹时代就开始了。在这三位圣贤人物中，舜帝以宽厚之德赢得了世人的赞誉，在中华民族德育思想史上产生了深远影响。

舜，是上古时期三皇五帝中的五帝之一。他待人接物一向以宽厚为美，严于律已，宽以待人，通过宽厚的道德人格力量来感化他人，体现了笃实宽厚的美好品德。

■ 舜 我国传说中父系氏族社会后期部落联盟领袖。也称虞舜，生于姚地，今河南濮阳，以地取姓氏为姚。姚姓族人是黄帝、舜的后裔。舜帝是中华民族的共同始祖。他不仅是中华道德的创始人之一，而且是华夏文明的重要奠基人。

在传说中的黄帝之后，华夏大地又先后出了3个很出名的部落联盟首领，他们是尧、舜和禹。他们原来都是一个部落的首领，后来被推选为部落联盟的首领。

尧天舜日

在当时，做部落联盟首领的，有什么大事都要找各部落首领一起商量。第一任部落联盟首领尧年纪大了的时候，想找一个继承他职位的人。有一次，他召集四方部落首领来商议。尧说出他的打算后，大臣放齐说："您的儿子丹朱是个开明的人，继承您的位子很合适。"

尧严肃地说："不行，丹朱品德不好，专爱跟人争吵。"

这时，有一个叫谨兜的人说："管水利的共工，工作倒做得挺不错。"

尧摇摇头说："共工能说会道，表面恭谨，心里另是一套。用这号人，我不放心。"

这次讨论没有结果，尧继续物色他的继承人。

这一天，尧又把四方部落首领找来商量，要大家推荐。有人推荐了一个部落的首领，他的名字叫舜。尧点点头说："嗯！我也听说这个人挺好，是个有德行的人啊！"

尧决定先考察一下舜，就把自己两个女儿娥皇、女英嫁给舜，看看舜能不能领导好她们，处理好家庭关系。

舜的家庭关系比较复杂。他的父亲瞽叟是个瞎

五帝 中华文化中五帝一般是指上古传说中的5位圣明君主，是中华远古杰出首领的代表。关于上古传说史中的5位圣王五帝有各种说法。最为流行的说法是西汉史学家司马迁在《史记·五帝本纪》中所列的5位远古圣贤，他们是黄帝、颛顼、帝喾、尧和舜。

子，人也糊涂。舜的母亲很早就去世了，父亲给他娶了一个后母，并生了同父异母的弟弟叫象。可想而知，在这样的家庭里，做个好儿媳是很有挑战性的工作。

舜是一个很明事理的人，不想引起家庭矛盾。他告诫娥皇、女英，应该努力与全家和睦相处，不要因出身高贵而使性子、添乱子，凡事多多礼让，多多照料家人。

娥皇和女英用智慧和宽容，把一本难念的“家经”念得顺畅，不但极大地成全了舜的名声，而且巧妙地化解了家庭危机。这一切，都表明舜已经妥善地处理好了复杂的家庭关系。

舜在其他方面也都表现出高尚的人格力量和卓越的才干。只要是他劳作过的地方，便会兴起礼让的风尚，他到了哪里，人们都愿意追随。舜领导的部落所居之地，一年成村，两年成邑，三年成为有一定规模的城。

尧得知了这些情况，心里非常高兴，赐予舜细葛布做的衣和一把五弦琴，又赐予他牛羊，还为他修筑了大粮仓。

舜陵午门

■ 舜帝陵前的华表

舜的后母和弟弟象见了，又是羡慕，又是妒忌，就和瞽叟一起用计，几次暗害舜。

有一次，瞽叟叫舜去修补粮仓的顶。等到舜爬上仓顶后，象就把梯子搬走了，然后在仓下点火想把舜烧死。

舜在仓顶上一见起火想找梯子，梯子已经不知去向。幸好他随身带着两顶遮太阳用的笠帽。他双手拿着笠帽，像鸟张翅膀一样跳了下来。笠帽随风飘荡，舜轻轻地落在地上，一点也没受伤。

瞽叟和象并不甘心，他们又叫舜去淘井。舜跳到井里后，瞽叟和象就在地面上把一块块土石丢下去，把井填没，想把舜活活埋在里面。

舜在井里发现从井口落进来大块土石，就赶紧在井的内壁上掘了一个孔道钻了出来，快速跑回家去。象不知道舜早已脱险，得意洋洋地回到家里，跟瞽叟

葛布 俗称"夏布"，是指用葛茎中的纤维所制成的织物。葛，植物名。多年生蔓草，其茎的纤维所制成的织物叫葛布。葛布的最早的文献记载，《诗经》里有一篇《葛覃》中写道："葛之覃兮，施于中谷。"说明人类已经在那个时候就利用葛藤的纤维进行纺织了。

舜帝铜像

说："这一回哥哥准死了，这个妙计是我想出来的。现在我们可以把哥哥的财产分一分了。"说完，他向舜住的屋子走去，准备占有舜的房子和那把漂亮的琴。

象刚进舜的屋子，突然发现舜正坐在床边弹琴呢！象心里暗暗吃惊，很不好意思地说："哎，我很想念您，特来看望您了。"

舜装作若无其事的样子，说道："弟弟来得正好，我的事情多，正需要你帮助我来料理呢！"

以后，舜还是像过去一样，和和气气地对待他的父母和弟弟，孝顺父母，友爱兄弟，而且比以前更加诚恳，更加谨慎。

瞽叟和象见舜躲过了数劫，再加上娥皇和女英对他们细心地照料，也就不敢再暗害舜了。尧发现舜理顺了家庭关系，又让舜参与政事，经受各种磨炼。舜将政事处理得井井有条。

有一天，舜坐着牛车巡游到盐池边视察，恰好众民久盼的南风就在此时刮起来。本来在盐池边呆坐的人们顿时活跃起来，高兴地挎上柳条筐去采集盐块了。舜被眼前的这样一幅民乐图感染，喜欢弹琴的他拿出五弦琴弹唱起来：

南风之薰兮，可以解吾民之愠兮；
南风之时兮，可以阜吾民之财兮。

意思是说：温暖的南风你可来了，我的百姓就用不着发愁了；温暖的南风你来得正是时候啊，我的百姓可是要发财致富了。

刮南风为何就让人高兴呢？因为当时人们吃的盐还都是盐池水日照挥发后生成的自然盐。如果无风，水蒸气就浮在池面上形成一个蒸汽隔离层，影响池水继续受热蒸发。再有，当风吹拂盐滩时，还会促使水面波动；波动的水比静止的水承受阳光曝晒的面积要大，这也会加快蒸发促成盐的结晶。

舜那时仅是凭经验知道南风的重要性，科学道理还没有掌握。但是这不影响他看着百姓乐业的舒畅心情。百姓们见舜为他们弹唱，受到鼓舞，采集盐块更有干劲了，个个装了满满一柳条筐。

舜不但心系百姓，鼓励人们发展生产，还在用人方面多有建树。对先进者大力提拔，让他们有更好的发展，对后进者本着宽大为怀的精神，能不处罚的尽量不处罚，主要以教化为主，使其进步。

尧通过对舜长时间的考察，最后确认他是个品德高尚又很有能力的人，就把首领的位子让给了舜。这种让位，历史上称为“禅让”。其实，在氏族公社时期，部落首领老了，用选举的办法推选新的首

舜帝殿

领，并不是什么稀罕事儿。

舜的道德修养越来越高了。他接位后，也是又勤劳，又俭朴，跟老百姓一样劳动，受到大家的信任。

舜的心里其实一直想着尧的儿子丹朱。尧去世的时候，宅心仁厚的舜准备把部落联盟首领的位子让给丹朱，可是大家都不赞成。在这种情况下，舜才正式当上了首领。

舜正式当上首领后，不计前嫌，去看望父亲，仍然恭恭敬敬。同时，他也没有记恨象当初对自己百般陷害，封象为诸侯。

舜一直崇拜尧，也要像尧那样，做一个禅位让贤的君子。舜在年老的时候，认为自己的儿子商均不争气，就确定了威望最高的治水能手禹为继任者，并由禹来摄行政事。

舜与尧一样，同是先秦时期儒、墨两家推崇的古昔圣王。而舜对于儒家，又有特别的意义。儒家的学说重视以仁德之心宽厚待人，尤重孝道，舜的传说恰恰是以宽厚著称，所以他的人格形象就成为了儒家伦理学说的典范。

由于儒家的宣传，有关舜的传说事迹在我国文化传统中留下极深刻的影响，可谓千古流芳。

阅读链接

舜帝与两位夫人娥皇、女英的感情很好。舜帝执政39年以后，到长江一带巡视，不幸在苍梧之野去世，葬在九嶷山上。娥皇、女英闻此噩耗，便一起去南方寻找舜帝。

她们走到湘江边上，望着九嶷山痛苦地流泪。她们的眼泪，挥洒在竹子上，竹子便挂上斑斑泪痕，变成了“斑竹”，也称“湘妃竹”。她们想：舜帝驾鹤西游，从此与之天人永隔，痛不欲生，便跳入波涛滚滚的湘江，化为湘江女神。后人称她们为“湘妃”或“湘夫人”，称舜帝为“湘君”。

孔子宽仁厚道之德

舜以宽厚之德赢得了当时和后世人们的广泛赞誉，更是孔子推崇的古代圣贤之一。孔子继承和发扬了舜的宽厚美德，用自己的亲身实践，体现了他宽仁厚道的道德修养。

青年孔子像

孔子名丘，古代教育家、思想家、政治家，儒家学派的创始人。孔子所处的时代，正值古代社会发生重大变革，各诸侯、卿大夫僭用王室礼乐的现象十分普遍，东周时期的典章制度逐渐被废弃。用孔子的话说就是“礼崩乐坏”。

在这种形势下，孔子指点万象，框范天下，创立了以“仁”为核心的

孔子修书画像

道德学说，把宽仁厚道当作做人的一种美德，希望在道德层面给人们以指引。

孔子为了推行他所创立的道德学说，身体力行，与人为善，学而不厌、诲人不倦，安贫乐道，直道而行，谨言慎行，改过迁善，为当时社会的人们树立了一座人格坐标。

孔子主张与人为善，首先他自己就是一个很善良的人，富有同情心，乐于助人，待人真诚、宽厚。

有一次，孔子的弟子仲弓问孔子："如何处世才能合乎仁道？"

孔子回答道："出门与同仁行礼如见贵客一般，对民如大祭一样凝重。这样就不会招谁怨，在家中私下的交往也不招谁恨。"

仲弓感谢道说："我虽迟钝，但一定要牢记先生的话。"

在孔子看来，君子的最高德行就是与人为善。如舜、禹等都是如此。所以，他的这个回答，其实就是告诫仲弓包括其他人，做人要以礼待人，吸取别人的优点、长处，自己来实行善事。

还有一次，孔子的弟子子贡问孔子："有一句可以概括规范自己一生行为的话吗？"

仲弓 （前522年～？），是孔子较为早期的学生，在孔门弟子中以德行著称，孔子对其有"雍也可使南面"之誉。这是孔子对其他弟子从来没有的最高评价。

孔子说：“己所不欲，勿施于人。”

意思是说：自己不想做的事，切勿强加给别人。

孔子注重一个人有宽厚的德行，注重心灵上的包容。他的这句话，常常被后来的儒家人士引以为豪，认为这是一句盖世的格言。

孔子的与人为善，还体现为“君子成人之美，不成人之恶”。意思是说，君子成全人家的好事，不帮助别人做坏事。他认为每个人都有美恶，都有可能办好事和办坏事。因此，他号召成全人的有德之举，不助他人的无德之事。

孔子以好学著称，对于各种知识都表现出浓厚的兴趣，因此他多才多艺，知识渊博，被当成一个无所不知的圣人。

孔子在学习方面很虚心，而且刻苦。有一次，孔子随师襄子学鼓琴。师襄子教了他一首曲子后，他每

子贡（前520年～前446年），孔子的得意门生，“孔门十哲”之一，以言语闻名。子贡利口巧辞，善于雄辩，而且有干济才，办事通达。他还善于经商之道，曾经经商于曹国、鲁国两国之间，富致千金，为孔子弟子中首富。

孔子说教图

■ 孔子圣迹图之《孔子学琴师襄图》

日弹奏，丝毫没有厌倦的样子，手法从生疏渐至熟练。

过了10天，师襄子对他说：“这首曲子你已经弹得很不错了，可以再学一首新曲子了！”

孔子站起身来，恭恭敬敬地说：“我虽然学会了曲谱，可是还没有学会弹奏的技巧啊！”

又过了许多天，师襄子认为孔子的手法已经很熟练了，乐曲也弹奏得更加和谐悦耳了，就对孔子说：“你已经掌握了弹奏技巧，可以再学一首新曲子了！”

孔子说：“我虽然掌握了弹奏技巧，可是还没有领会这首曲子的思想情感！”

又过了许多天，师襄子来到孔子家里，听他弹琴，被他精妙的弹奏迷住了。一曲终了师襄子长长吁了一口气说：“你已经领会了这首曲子的思想情感，可以再学一首新曲子了！”

孔子还是说：“我虽然弹得有点像样子了，可我还没有体会出作曲者是一位怎样的人啊！”

又过了很多天，孔子请师襄子来听自己弹琴。一曲既罢，师襄子感慨地问：“你已经知道作曲者是谁了吧？”

孔子兴奋地说：“是的！此人魁梧的身躯，黝黑的脸庞，两眼仰望天空，一心要感化四方。他莫非是

周文王（前1152～前1056年），姓姬名昌，黄帝的后裔。商纣王统治时，他被封为西伯，也称伯昌。他治理岐山50年，使岐山的政治和经济得到了极大的发展。其子姬发得天下后，追尊他为“周文王”。孔子称周文王为“三代之英”。

周文王吗？”

师襄子既惊讶又敬佩，激动地说：“你说得很对！我的老师曾告诉我，这首曲子就叫作《文王操》。你百学不厌，才能达到如此高的境界啊！”

子贡认为孔子无所不精，就由衷地对孔子说：“先生已经是一个圣人了。”

孔子不同意这个说法，他说：“我不能算是圣人，我只是在学习上不感到厌倦，在教育上不觉得疲惫而已。”

子贡却不这么认为，他说：“先生学而不厌，智慧已经够了；诲人不倦，仁德也够了。既有智慧又有仁德，完全达到圣人标准了，凭什么不是圣人？”

孔子的弟子都认为孔子是圣人，但孔子不认可，其实这是孔子谦虚。不过孔子对自己“学不厌、教不倦”是不避讳的，甚至以此为荣。表达了一个古代知识分子注重学习、为人师表的高尚情怀。

孔子学无常师，谁有知识，谁那里有他所不知道的东西，他就拜谁为师。

文庙孔子雕像

孔子说：“三人行，必有我师焉，择其善者而从之，其不善者而改之。”意思是说：三个人同行，其中必定有我的老师。我选择他善的方面向他学习，看到他不善的方面就对照自己改正自己的缺点。

孔子的“三人行，必有我师焉”，表现了他虚心向别人学习的可贵精神，但更可贵的是，他不仅

孔子论政

要以善者为师，而且以不善者为师，这其中包含有深刻的哲理。

“三人行，必有我师焉”，受到后代知识分子的极力赞赏，被当作是处事待人、修身养性、增长知识的首要途径。孔子安贫乐道，他说：“不义而富且贵，于我如浮云。”可见在孔子心目中，行义是人生的最高价值，在贫富与道义发生矛盾时，他宁可受穷也不会放弃道义。

孔子所说的“安贫乐道”中的“贫”，不是真正意义上的“贫穷”。也就是说，对于富贵不是不可求。

孔子曾说：“富而可求也，虽执鞭之士，吾亦为之。如不可求，从吾所好。”意思是说：如能致富，哪怕是赶车，我也干；如不能，则随我所好。

作为儒家思想的创始人，孔子是主张入世的。既然入世，就要直面富贵。但对于财富，孔子自然也有自己的明确认识。

孔子说：“富与贵，是人之所欲也；不以其道得之，不处也。贫与贱，是人之所恶也；不以其道得之，不去也。”意思是说：富裕和显贵是人人都想要得到的，但不用正当的方法得到它，就不会去享受的；贫穷与低贱是人人都厌恶的，但不用正当的方法去摆脱它，就不会摆脱的。

孔子生性正直，又主张直道而行。他曾经说自己不轻易诋毁或赞美他人，凡是赞誉的人，必定是经受了考验的人，必定是行走在人间正道上的人。

孔子30多岁时，有一次到周去学礼，见到了老子。告辞的时候，老子对孔子说："聪明深察而近于死者，好议人者也。博辩广大危其身者，发人之恶者也。为人子者毋以有己，为人臣者毋以有己。"

意思是说：聪明深察的人常常受到死亡的威胁，那是因为他喜欢议论别人的缘故；博学善辩见识广大的人常遭困厄危及自身，那是因为他好揭发别人罪恶的缘故。做子女的要忘掉自己而心想父母，做臣下的要忘掉自己而心存君主。

这是老子对孔子善意的提醒，也指出了孔子生性正直的毛病，就是看问题太深刻，讲话太尖锐，伤害了一些有地位的人，会给自己带来很大危险。

儒家重"礼"，也要求以质朴、务实为基础。孔子认为，语言是一种自我表达的方法，但假如话非本心，只是致力于巧妙的言语，钻

孔子问道老子雕塑

> **君子** 特指有学问有修养的人。“君子”一词出自《易经》，被全面引用最后上升到士大夫及读书人的道德品质始自孔子，并被以后的儒家学派不断完善，成为中国人的道德典范。“君子”是孔子的人格理想。君子以行仁、行义为己任。《论语》一书，所论最多的，均是关于君子的论述。

研说话的技巧，博得别人的欢喜，则是错误的。

孔子说“巧言令色，鲜矣仁”，就是说假如花言巧语，一副讨好人的脸色，这样的人是很少有仁德的。直至今天，人们仍然牢记孔子的这句话，时时警惕那些花言巧语，一脸假笑的伪君子。

孔子要求君子“讷于言而敏于行”，也就是谨慎说话，勤奋做事。他同时还强调，“耻其言之过其行”，即君子应该以夸夸其谈为耻，要力求在行动上做得更好。

孔子是人杰君子，谨言慎行是他修身的内容之一。有一次，孔子到周观光，在瞻仰周的太祖后稷的祠宇时，发现一处刻有铭文，铭文告诫人们说话要谨慎，否则会引起祸患，认为多嘴多舌是致祸的门径。

孔子画像

孔子读完了这篇铭文，回头对弟子们说：“你们年轻人要记住啊！这些说得很具体而又很中肯，说得合乎情理而又很有说服力。《诗经》中说‘恐惧戒慎，好像下临无底深渊，生怕跌了下去一样；好像踩在薄薄的冰块上，生怕陷了进去一样。’这样去要求自己，难道还怕嘴巴会招来祸害吗？”

孔子对改过迁善有精辟的见地，他要求人正视自己的过失，有改过迁善的勇气。他说，有过就不要怕改，

孔子论孝

过而不改才是真正的过错。

不仅如此，孔子还教人正确接受别人的批评。他说，义正词严的正确意见就应该认真倾听，并落实到行动中，从而使自己改过迁善。

品德高尚的孔子的道德修养与实践，不仅对当时的社会产生了巨大的影响，而且延续数千年，逐渐发展成为了我们中华民族“笃实宽厚”的传统美德，影响着后世道德精神的构建，并且产生了极为深远的积极的影响。

阅读链接

孔子是我国历史上最著名的教育家，是古代教师的光辉典型。他的教育目的是培养从政的君子，而君子必须具有较高的道德品质修养，所以他强调必须将道德教育放在首要地位。

他的道德教育的主要内容是“礼”和“仁”，并在道德修养方面，提出了树立志向、克己、践履躬行、内省、勇于改过等方法。

孔子不但在实践基础上提出教育学说，为古代教育奠定了理论基础，而且培养了众多德才兼备的学生，成为道德修养的典范。

伯牙和钟子期之谊

友情，是笃实宽厚美德中所包含的一项重要内容，它要求人们以欣赏和包容之心对待他人，注重彼此友情，达到心灵交汇。比如在人际交往中，应该做到“将心比心”、“以心换心”。战国时期的伯牙与

伯牙弹琴图

钟子期之间的友情，就彰显了交友知音之道，成为后世人们崇尚的交友楷模。

伯牙，是战国时期楚国郢都人，郢都即现在的湖北荆州。他虽为楚人，却任职晋国上大夫，而且精通琴艺。

钟子期，战国时期楚国的一个樵夫，就是打柴的人。也许是久闻自然之声的缘故，他对音律有着非常敏锐的感觉。

伯牙和钟子期之间高山流水遇知音的友情故事，还要从一次偶然的相遇说起。

伯牙与钟子期

那是在某一年的农历八月十五这一天，晋国上大夫伯牙奉晋王之命出使楚国。他乘船来到了汉阳江口的长江边，因遇大雨无法继续前进，只好停泊在一座高山下。

这天晚上，风浪渐渐平息了下来，云开月出，景色十分迷人。伯牙望着空中的一轮明月，琴兴大发，拿出随身带来的琴，专心致志地弹了起来。

伯牙从小就酷爱音乐，他的老师成连曾带着他到东海的蓬莱山，领略大自然的壮美神奇，使他从中悟出了音乐的真谛。他弹的琴声优美动听，虽然许多人赞美他的琴艺，但他认为一直没有遇到真正能听懂他琴声的人。

伯牙出使之旅，羁绊于途，唯有临江对月，抚琴

上人夫 战国时期诸侯国中的爵位分为卿、大夫、士三级，大夫比卿低一等。在大夫之中，有长大夫、上大夫、中大夫等。秦代有御史大夫，中大夫为郎中令属官。汉代初分为中大夫、太中大夫、谏大夫，后改中大夫为光禄大夫。唐宋时期有御史大夫及谏议大夫之官，明清时期时废。

冲担 是一种荷担的农具。其两头尖，用铁皮包住，中间圆。一般是用松柏等硬质而又有韧性的，而且较直的木料做成。常常用于担柴火、稻捆、麦捆等。樵夫有三宝，冲担、柴刀和柴耙。冲担应用了锥体力学性能，使扁担功能得以进一步丰富。

抒怀。此时此刻，江风低唱，明月高悬，他多么渴望有知音出现，与他一起分享琴曲的意韵。

伯牙弹了一曲又一曲，正当他完全沉醉在优美的琴声之中的时候，猛然看到一个人在不远处一动不动地站着。伯牙吃了一惊，手下力道稍偏，“啪”的一声，琴弦被拨断了一根。

伯牙很是疑惑，就叫童子去问船夫，这儿是什么地方。

船夫答道：“刚才躲避风雨，停泊在山脚下，这里没有人家。”

伯牙更加疑惑，心想没有人家，怎么会有听琴的人呢？或许，是强盗要拦路抢劫吧？想到这里，不由得有些紧张。

这时，只听岸上的人用平静的口气向伯牙喊道：

伯牙鼓琴图

“船上的先生，我是樵夫。今天打柴回来晚了，遇到暴风雨，就在这岩石下避雨，正听到船上有人弹琴，觉得琴声绝妙，不由得站在这里听了起来。很抱歉，在下打扰了您的雅兴。”

伯牙借着月光仔细一看，只见那人头戴斗笠，身披蓑衣，后背冲担，手拿板斧，身旁还放着一担柴。果然是个打柴的樵夫。

伯牙抚琴蜡像

伯牙心想，一个樵夫怎么会听懂我的琴呢？于是就问：“你既然懂得琴声，那就请你说说看，我弹的是一首什么曲子？”

听了伯牙的问话，那打柴的人笑着回答：“先生，您刚才弹的是孔子赞叹弟子颜回的曲谱。歌词是：‘可惜颜回命早亡，叫人思想鬓如霜，只因陋巷箪瓢乐’，你弹到这里，琴弦断了，没再弹下去，我记得第四句是‘留得贤名万古扬！’”

打柴人的回答一点不错，伯牙不禁大喜，邀请他上船，请那人在自己对面坐下，又叫书童端上茶来。

那打柴人看到伯牙弹的琴，说道：“这把瑶琴，确为非凡之物。”接着他把这瑶琴的来历说了出来，“此琴本为伏羲氏创制。据说有一次伏羲看到凤凰来仪，飞坠在一株梧桐树上。那梧桐高三丈三尺，按三十三天之数。伏羲氏按天、地、人三才，将梧桐

颜回（前521年～前481年），14岁即拜孔子为师，此后终生师事之。在孔门诸弟子中，孔子对他称赞最多，不仅赞其“好学”，而且还以“仁人”相许。历代文人学士对他也无不推尊有加。

伯牙和钟子期蜡像

截为三段，取中间一段放在长流水中，浸润七十二日，按七十二候之数，选良时吉日，制成此琴。”

听了打柴人的这番讲述，伯牙心中不由得暗暗佩服。他想，这个樵夫到底能懂多少音乐呢？我来试试他。

伯牙问道：“从前孔子在房间里弹琴，颜回听到琴声中低音幽沉，就问孔子是否有什么不高兴的事。孔子说：‘我弹琴时，看见一只猫在捉老鼠，我希望它能捉到，又担心到嘴的食物跑掉，这为猫担心的心情，不知不觉地在琴声中流露出来了。’这个故事说明，同一支曲子，弹奏时的心情不同，效果也会不同。如果我弹琴的时候，心里在想什么，你能听出来吗？”

樵夫说：“那先生你先弹一曲，我试着听听，若猜得不对，请不要见怪。”

伯牙重新装上琴弦，调好音准，看到不远处高山的雄伟姿态，开始弹奏起来。

樵夫凝神听着，脸上现出愉快的表情，仿佛整个身心都沉浸在庄严优美的旋律中。一曲完了，他赞叹地说：“这琴声，表达了高山的雄伟气势。”

伯牙听了不动声色，他沉思片刻，看着附近浩浩荡荡的长江水，又继续弹奏了一曲。

琴声刚停，樵夫便高兴地站起来，连声称赞道：“好极了！这琴声，表达的是无尽的流水。”

伯牙万万想不到，自己的心意竟完全被樵夫猜到了。他惊喜万分，赶忙站起身，紧紧握住樵夫那粗壮的大手，激动地说：“美玉原来是藏在石头中的啊！我怎能凭地位、衣着来看人呢？真是太不应该！多少年来，我一直梦想着会有一个能真正听懂我的琴，了解我的志趣的人，今天我找到了！这个知音就是你呀！”

伯牙问明打柴人名叫钟子期，接着和他喝起酒来。俩人越谈越投机，相见恨晚，就结拜为兄弟。

第二天，伯牙和钟子期洒泪而别，两人约定：明年的中秋之日，还在这里相会。

伯牙古琴台

光阴似箭，日月如梭，转眼到了第二年农历八月十五这一天，伯牙如约来到了汉阳江口的那座高山下。他等啊，等啊，怎么也不见钟子期来赴约，于是他便弹起琴来召唤这位知音，可是又过了好久，还是不见人来。

伯牙等了整整一天，傍晚时分，发现一位鹤发童颜的老者，赶紧上前揖礼，向他打听钟子期的消息。

老者告诉他，钟子期已不幸染病去世了。临终前，他留下遗言，要把坟墓修在江边，到八月十五这一天，要听好友伯牙的琴声。

听了老人的话，伯牙万分悲痛，他来到钟子期的坟前，凄楚地弹了一曲《高山流水》。弹罢，他挑断了琴弦，长叹了一声，把心爱的瑶琴在青石上摔了个粉碎。他悲伤地说：“我唯一的知音已不在人世了，这琴还弹给谁听呢？”

《高山流水》

“中国十大古曲”之一。传说先秦时期琴师伯牙一次在荒山野地弹琴，樵夫钟子期竟能领会这是描绘高山和流水。后来钟子期死后，伯牙痛失知音，故有高山流水之曲。此曲原是古琴曲，后分为《高山》、《流水》两曲。另有同名筝曲《高山流水》，与琴曲不同。

伯牙摔琴蜡像

朋友易寻，知音难求。钟子期死了，伯牙的心也死了，所有对生活的希望也都随钟子期而去了。从此以后，伯牙终生不再弹琴。

伯牙琴台遗址

两位“知音”的友谊被传为千古佳话，更感动了后人，人们在他们相遇的地方，筑起了一座古琴台。直至今天，人们还常用“《高山流水》觅知音”这样一句话来形容朋友之间的情谊。

伯牙和钟子期的相遇、相知、相惜、相念，体现了儒家以“仁爱”之心待人，建立友情和珍惜友谊的思想。

儒家创始人孔子曾说：“有朋自远方来，不亦乐乎？”这句话集中体现了儒家对友道的重视，是古代交友之道中最早、影响最深远的一句名言。

阅读链接

琴曲《高山》、《流水》和《水仙操》都是传说中伯牙的作品。前两曲是在与钟子期相遇时所作，后一曲是当初学琴时所作。

伯牙的老师是著名琴家成连。伯牙跟成连学琴三年却没有长进，成连说自己只能教琴技，而其师万子春善陶冶和改变人的性情，便带伯牙去东海找万子春。伯牙到了东海蓬莱山，并没有见到万子春，只看见汹涌的波涛，杳深的山林和悲啼的群鸟，心中大豁，感慨地说：“先生是在陶冶我的性情啊！”于是有感而作《水仙操》。

管鲍之交流芳千古

管仲是春秋时齐国政治家，早年经营商业，后从事政治活动。鲍叔牙是春秋时齐国大夫，以知人著称。

管鲍两人自幼贫贱结交，相互间非常了解，非常知心。管仲少时家里很穷，又要奉养母亲。鲍叔牙知道了，就找管仲一起投资做生意。他们在一起做生意的时候，因为管仲没有钱，所以本钱几乎都是鲍叔牙拿出来投资的。可是，当赚了钱以后，管仲却拿的比鲍叔牙还多。

■ 管仲（前723年或前716年～前645年），名夷吾，史称管子。生于春秋时期的颍上，即今安徽省西北部，淮河北岸。周穆王之后代，谥号“敬仲”，故又称管敬仲。春秋时期著名政治家和军事家。他凭借自己的才能，辅佐齐桓公成为春秋第一霸主。有“春秋第一相”之誉。

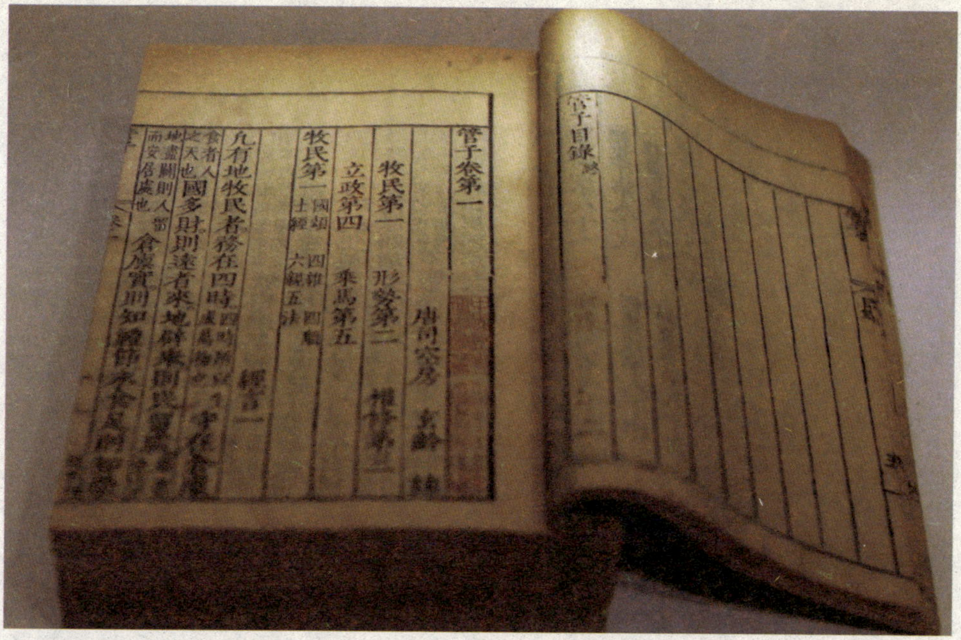

■ 管仲《管子古书》

鲍叔牙的仆人看了说："这个管仲真奇怪，本钱拿的比我们主人少，分钱的时候却拿的比我们主人还多，显然他是个十分贪财的人。如果我是管仲的话，我一定不会厚着脸皮接受这些钱的。"

鲍叔牙对仆人说："不可以这么说。你没发现管仲的家里十分困难吗？他比我更需要钱，我和他合伙做生意就是想帮帮他，我情愿这样做。以后不要再提此事。"

后来管仲和鲍叔牙一起充军，两人更是相依为命。有一次齐国和邻国开战，双方军队展开了一场大厮杀。冲锋的时候管仲总是躲在最后，跑得很慢，而退兵的时候，管仲却跟飞一样地奔跑。当兵的都耻笑他，说他贪生怕死，领兵的想杀一儆百，拿管仲的头吓唬那些贪生怕死的士兵。

这时的鲍叔牙已当上了军官，关键时刻又站了出

鲍叔牙（前723年或前716年～前644年），姒姓，鲍氏，也称"鲍叔"、"鲍子"，是鲍敬叔的儿子。颍上人，春秋时代齐国大夫，管仲的好朋友。鲍叔牙推荐管仲做宰相，被时人誉为"管鲍之交"、"鲍子遗风"。

公子纠 齐襄公之弟，母为鲁女。春秋时期齐国人。齐襄公时，政令无常，恐遭杀害，于公元前686年携管仲、召忽奔鲁。襄公与公孙无知被杀后，齐国内乱，鲁派兵护送他返齐争位，结果公子小白已先回齐即位。在齐国胁迫下，他被鲁君所杀。

来替管仲辩护，他道：“管仲的为人我最了解了，他家有80多岁的老母亲无人照顾，他不能不忍辱含羞地活着以尽孝道。”

管仲知道了鲍叔牙为自己所做的一切，感动得流下了热泪。

过了两年多，管仲的老母病逝，他心中没了牵挂，这才放下心来为齐国效命，果然是比谁都作战英勇，很快就得到了提拔重用。

齐襄公的弟弟公子纠发现管仲是个人才，便要他当自己的谋士。鲍叔牙则被齐襄公的另一个弟弟公子小白看中，拜其为军师。两个好朋友各自辅助一个公子，都很尽心尽力。

可是好景不长，由于齐襄公总是疑心他两个同父异母的弟弟要篡夺他的王位，就让手下的人找机会干掉公子纠和公子小白。两个公子听到了风声，公子纠就带着管仲跑到了鲁国避难，公子小白也带着鲍叔牙跑到莒国避难去了。

■ 管仲画像

公元前686年的冬天，齐襄公被手下的将士杀死，他的一个弟弟公孙无知做了齐国君王，但不久也被手下大臣给杀掉了，齐国当

时一片混乱。流亡在莒国的公子小白和寄居在鲁国的公子纠得到消息后，都觉得自己继承王位的机会来了，急忙打点行装，要回国争夺王位。

管仲为了让公子纠能顺利当上国王，就打算除掉公子小白，可惜管仲在袭击公子小白的时候，把箭射到了公子小白的腰带上，公子小白没死。

后来，鲍叔牙和公子小白还是比管仲和公子纠提前回到齐国，公子小白就当上了齐国的国王，称为齐桓公。

■ 管仲塑像

齐桓公当上了国王以后，决定封鲍叔牙为宰相。没想到鲍叔牙死活不肯接受，他说："以前我帮君王做了些事情，那全是凭我对您的忠心而竭尽全力的，现在您要把国相这么重要的职务交给我，这绝不是仅凭忠心就可以做好的，您应该找个比我更有才能的人才行。"

齐桓公说："在我手下的大臣中，还没发现比你更出众的人才呢！"

鲍叔牙说："不如让我举荐一人，保证能够帮您成就一番霸业。"

齐桓公急忙问他："这个人是谁呢？"

鲍叔牙笑着说："此人就是我的老友管仲，我把

公子小白（前716年～前643年），春秋时齐国国君，史称"齐桓公"。在位时期任用管仲改革，选贤任能，加强武备，发展生产，国力强盛。又安定周朝王室内乱，多次会盟诸侯，成为中原霸主。

齐桓公和管仲

他从鲁国要来，就是要他帮您的。”

齐桓公一听，拍案而起，他说：“管仲拿箭射过我，这一箭之仇我还没报呢，你反而让我来重用他？我不把他杀了就不错了！”

鲍叔牙恳切地说：“管仲不顾一切地用箭来射杀您，这不正好说明他对公子纠讲忠义吗？各为其主是起码的做人准则。他当时那样做没什么不对的，现在要治国了，若论才华，他远远超过我鲍叔牙。您要成就霸业，非得到管仲的辅左不成。您现在不计前嫌地重用他，他必定心存感激，全力效劳的！”

齐桓公是个很有肚量的人，为了齐国的利益，他还是听了鲍叔牙的劝说，断然弃忘前嫌，拜管仲为国相。管仲很感激好友鲍叔牙，更为齐桓公的大度和睿智所折服，决心鞠躬尽瘁、竭尽全力报效齐桓公。

管仲积极改革内政，发展经济，重新给农民划分土地，由于他从小经商，也很重视和其他国家通商和发展手工业。他还对国家常设的军队实行严格的训练和管理，使之成为战斗力很强的一支军队。

由于管仲实行了改革，齐国在几年内就兴盛起来，最后获得了“九合诸侯，一匡天下”的地位，成

春秋五霸 春秋时期，社会风雷激荡，可以说是烽烟四起，战火连天，由初期的140多个诸侯列国，经过连年兼并，最后剩下较大的几个先后称霸，叫作“春秋五霸”。《史记》一书中所说的春秋五霸是指齐桓公、宋襄公、晋文公、秦穆公和楚庄王。

就了齐桓公的霸业，成为“春秋五霸”之首。

管仲常说：“我当初贫穷时，曾和鲍叔牙一起做生意，分钱财说我拿得多，鲍叔牙不认为我贪财，他知道我贫穷啊！我曾经多次参战，多次逃跑，鲍叔牙不认为我胆怯，他知道我家里有老母亲。

“我曾经替鲍叔牙办事，结果使他处境更难了，鲍叔牙不认为我愚蠢，他知道时运有利有不利。我曾经多次做官，多次被国君辞退，鲍叔牙不认为我没有才能，他知道我没有遇到时机。公子纠失败了，鲍叔牙不认为我不懂羞耻，他知道我不以小节为羞，而是以功名没有显露于天下为耻。生我的是父母，最了解我的是鲍叔牙啊！”

鲍叔牙推荐管仲以后，自己甘愿做他的下属。鲍叔牙和管仲共同辅佐齐桓公长达40余年，为齐国建立了不朽的功业。

管仲病重的时候，齐桓公考虑他将不久于人世，问他是否可以让鲍叔牙接替他为相。管仲说：“鲍叔牙善恶过于分明，以善待善尚可，以恶对恶谁能忍受得了？他是位君子，但不可以委以国政。”

管仲塑像

有人将管仲这些话告诉了奸臣易牙，易牙以为这正是离间管仲与鲍叔牙的好机会，就到鲍叔牙面前传话，以挑拨两人的关系。鲍叔牙听了易牙话，对他说：“这正是我推荐管仲为相的原因。管仲忠于国家，没有私心。若让我为相，

管仲墓碑

哪里还有你们这些小人容身的地方？”

一番话说得易牙面红耳赤，连忙狼狈而退。

鲍叔牙对管仲的知遇和推崇，最终让“管鲍之交”成为代代流传的佳话。后来的人们常常用“管鲍之交”，来形容自己与好朋友之间亲密无间、彼此信任的关系。

孔子说：“君子和而不同，小人同而不和。”这句话的含义是，君子可以与他周围的人保持和谐融洽的关系，但在对具体问题的看法上却不必苟同于对方；小人习惯于在对问题的看法上迎合别人的心理，但在内心深处却并不抱有一种和谐友善的态度。

“管鲍之交”之所以永久地被人称道，就在于他们之间的理解和宽容，这样志同道合的人才算得上是朋友。

阅读链接

鲍叔牙的墓位于济南东鲍山下，昔日此山附近有一座石城，名叫“鲍城”，是鲍叔牙的封地。鲍叔牙去世后葬于山坡下，后人为纪念这位先贤的功德，便把此山称为“鲍山”，沿用至今。

鲍山是一处山清水秀，涧幽水潺的美丽处所。因鲍叔牙葬于此地引得历代文人赞咏。

“唐宋八大家”之一的北宋政治家、散文家曾巩有《登华不注望鲍山》诗写道：“云中一点鲍山青，东望能令两眼明。若道人心似茅戟，心中那得叔牙城。”

信陵君尊贤救难

笃实宽厚美德的核心意义，就是通过宽厚的道德人格来打动别人。战国时期的信陵君，就是一个具有道德人格的人，他通过尊贤救难的实践活动，赢得了世人的广泛赞誉。

信陵君，名叫魏无忌，是魏安釐王的异母弟弟，是战国时期魏国著名的军事家和政治家，因被封于信陵而被称为信陵君。他与当时齐国的孟尝君田文、赵国的平原君赵胜、楚国的春申君黄歇都是著名的贵族，被称为“战国四公子”。

春秋战国信陵君

信陵君礼贤下士，急人之困，知过即改，其仁厚爱人的道德修养，为世人所称道。信陵君有一句座右铭：

愿天下俊贤皆为我坐上宾客。

他四处招纳贤士，交结五湖四海的朋友，天下闻名。

在当时，魏国有个隐士名叫侯嬴，70岁了，家境贫寒，是国都大梁东门的守门人。信陵君听说这个人，前往邀请，想送他厚礼。

侯嬴不肯接受，他说："我几十年重视操守品行，终究不应因做守门人贫困而接受公子的钱财。"

于是，信陵君摆上酒席，大宴宾客。大家就座之后，信陵君带着车马，空出左边的上位，亲自去迎接东门的侯嬴。

侯嬴撩起破旧的衣服，径直登上车，坐在左边的上位，并不谦让，想用这一举动来观察信陵君的情态。信陵君手执马缰，表情谦卑而恭敬。

侯嬴对信陵君说："我有个朋友叫朱亥，在街市的肉铺里，希望委屈您驾车马顺路拜访他。"

信陵君便驾着车马进入街市，侯嬴下车拜见他的朋友朱亥，斜着眼睛偷看信陵君，故意久久地站着与朋友闲谈，暗中观察信陵君的表情。见信陵君的脸色更加温和。

这时，魏国的将相、宗室等宾客坐满了厅堂，等待信陵君开宴。而此时街市上的人们都观看信陵君手握着马缰在大街上等人。随从的人都偷偷地骂侯嬴。

侯嬴观察信陵君的脸色始终没有变化，才慢腾腾地辞别朋友上了车。到了信陵君家中，信陵君引侯嬴坐在上座，把宾客一个个介绍给他，宾客们都很惊讶。酒兴正浓的时候，信陵君又起身，亲自到侯嬴面前给他祝酒。

侯嬴对信陵君说："我本是一个守门人，您却亲身委屈驾着车马去迎接我。在大庭广众之下，我本不应该提访友的事，您却同我一起去了。我故意使您在街市里久等，借访问朋友来观察您，但您的态度却越加恭敬。街市的人都以为我是个小人，而以为您是个宽厚的人，能谦恭地对待士人。我这样做，是为了成就您的名声啊！"

信陵君听罢，万分感激，当着众人的面，宣布让侯嬴做自己的上等宾客。

隐士 就是隐居不仕之士。"士"即知识分子，否则就无所谓隐居。一般的"士"隐居也不足称为"隐士"，必须是有名的"士"，即"贤者"。直言之，即有才能、有学问、能够做官而不去做官也不做此努力的人，才叫"隐士"。

魏国人物画像砖

门客 作为贵族地位和财富的象征最早出现于春秋时期，那时的养客之风盛行。每一个诸侯国的公族子弟都有着大批的门客，如楚国的春申君、赵国的平原君、魏国的信陵君、齐国的孟尝君等。门客主要作为主人的谋士保镖而发挥其作用，必要的时候也可能发展成雇主的私人武装。

宴会结束后，侯嬴对信陵君说："我访问的屠者朱亥，是个贤能的人，世人不了解他，所以才隐居在屠市之中。"

信陵君听了侯嬴的话，立即去拜访朱亥。但多次请他，朱亥故意不回拜。

有一天，朱亥笑着和信陵君说："我不过是市场上挥刀杀牲的屠夫，可是您竟多次登门问候我，我之所以不回答报酬您，是因为我觉得小礼小节无甚大用。从今往后，如您有了急难，就是我为您杀身效命的时候！"

朱亥终于成为了信陵君忠实的门客。他手使一把特别重的铁锤，勇猛无比，后来在信陵君的军事行动中发挥了重要作用。

魏安釐王画像

由于信陵君为人仁爱，尊重士人，无论那些士人才能高还是低，都谦逊而礼貌地结交他们，不敢以自己的尊贵身份稍有慢待，所以，几千里内的士人都争着归附于他，最高峰时门下曾有3000人，以至于各个诸侯10多年不敢兴兵谋取魏国。

公元前257年，秦国的军队包围了赵国的都城邯郸，赵国的形势非常危急。赵国丞相平原君的妻子是信陵君的姐姐，平原君多次向魏安釐王和信陵君送信，请求魏国援赵。

魏安鳌王勉强同意，就派出大将晋鄙领兵10万前去救援，但行进半途即按兵不动，只是观望。

■ 赵孝成王绣像

信陵君认为，魏赵互为唇齿，赵国灭亡，必然威胁到魏国，于是再三请求魏安鳌王下令进兵击秦，但魏安鳌王不听。在万般无奈下，他窃得了魏安鳌王调动军队的兵符，决定亲自去前线调动晋鄙进兵。

信陵君让勇士朱亥随从自己，带上兵符，假托魏安鳌王的命令，让晋鄙出兵。但晋鄙心有怀疑，朱亥挥起铁锤将其击毙。信陵君接管了晋鄙的军队，然后开始整顿军队，最后击退了秦军，为赵国解了围，也解除了秦国对魏国的威胁。

信陵君救了赵国后，知道自己得罪了兄长魏安鳌王，所以就让部将们带领军队回魏国，他自己和门客则留在了赵国。

赵孝成王十分感激信陵君保全了赵国，于是，私下里和平原君商议，要把五座城邑封赏给信陵君。信陵君得知此事，内心十分得意，显露出一副沾沾自喜、自以为有功的样子。

信陵君有一位门客向他进言说："事情有不能忘记的，也有不能不忘记的。人家对您有恩德，您就不应该忘记；您对人家有恩德，希望您要忘了它。况且假传魏王命令，夺取晋鄙军队来救赵国，对于赵国来

兵符 古代传达命令或调兵遣将所用的凭证。用铜、玉或木石制成，做虎型，又称"虎符"。制成两半，右半留存在国君手中，左半交给统帅。调发军队时，必须在符验合后，方能生效。兵符之所以造成虎形，与我国古代对虎形象的崇拜有很大关联。

■ 平原君（约前308年～前251年），即赵胜，战国四公子之一，赵国贵族。赵武灵王之子，惠文王之弟。因贤能而闻名，号平原君。他礼贤下士，门下食客至数千人，和朋友关系处理的很好。但不注意礼貌对待平民，后在一名门客的指导下和平民搞好了关系，威名大震。

说，您是有功的，而对于魏国来说您可算不上忠臣。您这样自傲地把救赵看作是一种功劳，我以为您这样是很不应该的。”

信陵君听了门客的这一番话，当即责备自己，惭愧得无地自容。

一天，赵孝成王吩咐人洒扫了庭院，宴请信陵君。他陪信陵君喝酒直至接近黄昏，嘴里始终不好意思说出奉献五城的话，因为信陵君太谦虚了。

信陵君留在赵国后，仍广交朋友。当他听说赵国的处士毛公、薛公素有贤才，胸有谋略，颇有远见，便派人去召请。但毛公、薛公有意躲避，不肯来见信陵君。

信陵君托人四处查寻，听说毛公藏身于赌徒之中，便一个人秘密地到赌徒中去察访，终于结识了毛公。又打听到薛公藏身于卖酒人家，于是又独自悄悄地到卖酒人家去寻访，终于也结识了薛公。

信陵君每日与毛公、薛公促膝交谈，论及天下得失之事。毛公、薛公侃侃而谈，识见高远，睿智启人，信陵君颇得教益，遂引为知己。

赵国的平原君得知信陵君不顾自己身份经常出

处士 古时候称有德才而隐居不愿做官的人。男子隐居不出仕，讨厌官场的污浊，这是德行很高的人方能做得出的选择。后来泛指没有做过官的读书人。处士是古代历史文化上的特色人物，他们有时为了国家天下人民的利益，也会婉转设法，提出很有影响力的主意，帮助社会的安定。

入赌徒之中和卖酒人家，便对自己的夫人说："以前听说你弟弟信陵君为人出类拔萃，天下无双，今天看来，是徒有虚名，实际上是个行为荒唐的人！"

平原君夫人把丈夫的一番话转告信陵君，信陵君听后不禁一笑，道："看人识士，不能仅仅看出身门第。我在魏国时，就听说了毛公、薛公的贤名英才，十分的仰慕；来赵后，便一直渴望拜识。为了实现这个心中愿望，才不顾及身份出入那些地方。既然平原君耻笑我，我也该知趣离开这儿了！"

平原君听说信陵君要走，知道自己说错了话，便亲自登门谢罪，盛赞信陵君知人交友的美德，并再三挽留信陵君。信陵君仍留赵国，他的名望更大了，许多贤人学士纷纷投到他的名下。

信陵君久留赵国，这时，恢复了元气的秦国乘着信陵君在赵国，日夜不停地进攻魏国，魏安釐王为此

门第 古代的家族等第。权贵之家称"高门"，贫贱之家称"寒门"，社会地位完全不同。门第制度形成于东汉时代，它的形成与汉代用以选拔人材的察举制度有关。察举制度始自西汉，由地方官员发现、推荐德才兼备的人才入朝廷开设的大学修习经学等学业，经考试选拔担任汉帝国的各级行政官员。

■ 古代战争场景

焦虑不安，就派使者去请信陵君回国。

信陵君仍担忧魏安釐王恼怒自己。这时，毛公、薛公去见信陵君说："您之所以在赵国备受敬重，名扬诸侯，只是因为有魏国的存在。如今秦国进攻魏国，魏国危急而您毫不顾念，假使秦国攻破大梁而把您先祖的宗庙夷平，您还有什么脸面活在世上呢？"

话还没说完，信陵君脸色立即变了，嘱咐车夫赶快套车回去救魏国。信陵君和哥哥魏安釐王10多年未见，兄弟重逢，不禁相对落泪。魏安釐王任命信陵君为上将军，让他做魏国军队的最高统帅。

公元前247年，信陵君派使者向各诸侯国求援，各国得知信陵君担任了上将军，都纷纷派兵救魏。信陵君率领5个诸侯国的联军在黄河以南大败秦军，使秦国将领蒙骜战败而逃，紧闭关门，不敢再出关。这次合纵攻秦的胜利，使信陵君的声威震动了天下。

信陵君明智而忠信，宽厚而爱人，尊贤而重士，是完美的道德楷模。他不仅是当时那个时代的道德偶像，也是后世无数人的榜样，这在古代历史上是极其罕有的。

阅读链接

有一次，信陵君正跟魏安釐王下棋，北边边境传来警报，说赵国发兵进犯，将进入边境。魏安釐王立即放下棋子，就要召集大臣们商议对策。

信陵君说："是赵王打猎罢了。"接着继续下棋，可魏安釐王已全无下棋的心思了。

过了一会儿，又从北边传来消息，说是赵王打猎。魏安釐王惊讶地问道："公子是怎样知道的？"

信陵君说："我的食客中有人能探到赵王的秘密，赵王有什么行动，他会立即报告我。"从此以后，魏安釐王很佩服信陵君的谋略。

蔺相如顾全大局

宽厚品德体现为以老实诚实的态度，反对虚伪虚妄，做到顾全大局，宽以待人。在这方面，战国时期的蔺相如堪称楷模。

蔺相如，战国时期赵国上卿，著名的政治家、外交家。他因为将和氏璧完好地从秦国带回赵国，立下大功，被赵王提升任命为上大夫。

■ 蔺相如（前329年～前259年），今山西省柳林孟门人，另一说是山西古县蔺子坪人。战国时赵国上卿，赵国宦官头目缪贤的家臣，战国时期著名的政治家、外交家。他生平最重要的事迹有“完璧归赵”、“渑池之会”与“负荆请罪”这三个事件。

■ 蔺相如完璧归赵石刻

瑟 我国古代弹弦乐器，共有25根弦。古瑟形制大体相同，瑟体多用整木斫成，瑟面稍隆起，体中空，体下嵌底板。瑟面首端有一长岳山，尾端有3个短岳山。尾端装有4个系弦的枘。首尾岳山外侧各有相对应的弦孔。瑟是我国古老乐器中的代表乐器，对我国音乐乐器发展有巨大影响。

事隔几年后，秦国出兵侵略赵国，攻下石城，后又接连进攻，赵军损失惨重。在这种形势下，秦王派人通知赵王，提出要在西河外渑池这个地方和赵王见面会谈。

赵王害怕秦国想要推辞不去，于是召集大臣们商议。蔺相如和大将军廉颇商议后认为，大王不去显得我们赵国太怯弱，还是以去为好。

赵王最后决定动身，让蔺相如随行。同时，由廉颇带着军队送到边界上，做好了抵御秦兵的准备。赵王到渑池与秦王会见。宴席间，秦王突然对赵王说："我听说你喜欢弹瑟，就请弹一曲给我听听吧！"

赵王弹了一曲。秦王命史官记录下来："某年某月某日，秦王与赵王会饮，命令赵王弹瑟。"以此来羞辱赵国。

蔺相如见此情景，心中十分气愤。他走到秦王面前，说："赵王听说秦王擅长秦国的打击乐缶。现在我奉献瓦盆一只，请大王敲敲缶助兴吧！"

秦王大怒，不肯答应。蔺相如捧着瓦盆再要求，秦王还是不肯敲。蔺相如说："现在我和大王的距离不到5步，大王要是不答应我的要求，我就要把颈上的血溅到大王身上了！"

秦王的侍卫人员立刻抽出刀来要杀蔺相如，蔺相如毫不示弱，瞪起眼睛，大声呵斥他们，把这些人吓得直往后退。

秦王只好不情愿地在瓦盆上敲了一下。蔺相如也叫史官记了下来，说在渑池会上，秦王给赵王敲缶助兴。在整个渑池大会过程中，秦王到最后也未能占赵国的上风。赵国又大量陈兵边境以防备秦国入侵，秦军也不敢轻举妄动。

蔺相如在渑池会又立了大功。赵王封他为上卿，职位一下子比廉颇还高。

廉颇非常的生气，他说："我廉颇是大将，攻无不克，战无不胜，出生入死，为赵国立下了许多汗马功劳。蔺相

缶 是古代的一种瓦质的打击乐器。陶土烧制，大肚子小口，形状很像一个小缸。圆腹，有盖，肩上有环耳，也有方形的，盛行于春秋战国。古人用作酒器，敲打时就成了乐器。乐器缶一般作为伴奏乐器使用，先是从中原传至西域，中原少用后，西域仍在用，被秦继承，成为秦的特色乐器。

■ 廉颇（前327年～前243年），今山西省太原人。战国末期赵国的名将，与白起、王翦、李牧并称"战国四大名将"。由于列国史书都已经被秦始皇焚烧，从仅存的记载中我们可以看到，廉颇对国家赤胆忠心，不畏生死，对个人宽宏大度，心地纯净，以至于被后人誉为"德圣"、"武神"、"国栋"。

如有什么能耐？他就凭着一张嘴，一下子爬到我的头上？哼，我路上碰到他非给他个难堪不可！”

这话传到了蔺相如的耳朵里，他想：强横的秦国为什么不敢侵略赵国？这是因为文的有我，武的有廉颇。如果我和廉颇闹起来，两虎相争，必有一伤，那时秦国就会乘机打进来。还是国家要紧，个人受点委屈有什么呢？

这样想来，蔺相如就装病不上朝，以避免和廉颇撞见，引发不必要的争斗。

一天，蔺相如带着随从外出，老远看见廉颇的车马过来，他赶紧叫车夫退到小巷里去躲一躲，让廉颇的车马先过去。

蔺相如的门客对主人回车避见廉颇的做法实在看不下去了，就找到他说：“我们离开亲戚朋友，到您这里办事，是羡慕您智勇双全，道义高尚。如今您的地位在廉颇之上，他说您的坏话，您不回击；您

见到了他，像老鼠见了猫，又是躲又是藏，一般老百姓也受不了这个窝囊气！您身为上卿，却一点也不感到羞耻，我们可忍不下去，请让我们走吧！”

蔺相如笑了，说：“你们说，廉将军的威风与秦王的威风相比，谁大呢？”

门客说：“当然是秦王！”

蔺相如点点头说：“是啊！秦王那么厉害，我敢在大庭广众之下痛斥他，侮辱他的左右大臣。我虽然很愚笨，难道独独怕一个廉将军吗？我们两人好比是两只老虎，两只老虎要是打起架来，不免有一只要受伤，甚至死掉，这就给秦国造成了进攻赵国的绝好机会。”

随后，蔺相如就把他自己为了国家利益，应当宽厚、忍让、团结对敌的想法告诉他们。

门客感叹地地说：“看来是我们短见了，相国的气量真大呀！”

蔺相如的话，很快传到廉颇的耳朵里。他坐立不安，越想越受感动，内心十分惭愧。于是他脱掉上衣，光着膀子，背上荆条，跑到蔺相如家里，跪在蔺相如面前，真诚地说：“我心胸狭窄，为个人名位斗气。没想到上卿品质这么高尚，以国为重，宽以待我。我实在对不起你，特来向您请罪。”

蔺相如赶忙双手把他扶起，十分感动地说：“老将军请起。您是为赵国出了大力的大功臣，这是谁都知道的。您这样体谅我，我已经万分感激了，‘请罪’两字我就担当不起了！”

两个人都激动得流下了热泪。从此以后，两个人变成了同生死，共患难的好朋友。他们将相团结，为国效力，共同抗秦，使秦国不敢轻举妄动攻打赵国。

正所谓“海纳百川，有容乃大”。蔺相如智勇双全的品质和宽厚待人、顾全大局的风格，以及廉颇勇于改错的优秀品质，成为世人学习的榜样。人们根据这件事总结出“负荆请罪”这个成语，表示诚心向人认错赔罪。

阅读链接

赵惠文王得到楚国的和氏璧，秦昭王听说这件事，派人送给赵王送信说，愿意用15座城换取和氏璧。赵王跟大将军廉颇及许多大臣商量，后来，宦官头目缪贤举荐自己的门客蔺相如出使秦国。蔺相如果然不辱使命，既保全了赵国的利益，又把和氏璧完整地带回赵国。

完璧归赵后，秦昭襄王恼羞成怒，起兵攻赵。后因为要攻楚，于是主动交好，才有渑池之会。

渑池之会上，蔺相如于国有功，获得封赏，廉颇一时妒忌，才有了“负荆请罪”的典故。

务实立德

先秦时期灿烂的笃实宽厚品德之花，经过秦汉时期的革世致新，逐渐成为泽及后人的精神成果。随着西汉时期儒家思想正统地位的确立，笃实宽厚意识已不仅仅停留在思想层面上，而是作为一种传统被继承下来，使之在实际生活中得到广泛重用。

从汉代初期萧何的顾全大局，到刘秀注重君臣之谊，再到汉末三国时期的诸葛亮、曹操、孙权等，无不具备笃实宽厚的品德。他们在日常事务中，务实兴业，以德服人，将务实立德作为他们对人对事的重要原则。

萧何惜才追韩信

西汉初年虽然实行道家的无为政治，但儒家思想也在汉代初期政治中发挥了不可或缺的辅助作用。而儒家的笃实宽厚美德，在汉代初期体现为崇尚实干，反对空谈的务实精神和实践精神。萧何惜才追韩信的故事，最能说明当时的务实精神。

■ 萧何（前257年～前193年），生于西汉泗水郡丰邑县中阳里，也就是江苏省丰县。他是汉朝初年丞相，政治家。谥号“文终侯”。他辅助汉高祖刘邦建立汉政权，其后又制订汉律，为东汉政权的建立与巩固立下了不朽功勋。与张良、韩信并称“汉初三杰”，萧何位居其首。

萧何，西汉王朝开国丞相。他胸怀大汉事业，慧眼识人，重视人才，尤其是在对待韩信的去留的问题上，表现了顾全大局、礼贤下士的胸襟。

那是在刘邦被项羽封为汉王时，刘邦带着人马来到封地南郑，然后拜萧何为丞相，曹参、樊哙、周勃等为将军，养精蓄锐，准备和项羽争夺天下。因为南郑偏处北方，再加上刘邦当时的实力处于劣势，所以部队官兵开始出现了思乡情绪，兵士们都想回老家，差不多每天都有人开小差逃走，急得刘邦连饭也吃不下。

刘邦、韩信和萧何雕塑

有一天，忽然有人来报告，说萧丞相逃走了。刘邦一听，真像突然被人斩掉了左右手一样难过。没想到一夜过后，萧何却突然回来了，刘邦又气又高兴。

他问萧何为什么也要逃跑，萧何说是去追回了逃走的韩信，刘邦疑惑不解。

萧何所说的韩信，本是淮阴人。淮阴就是现在的江苏淮安。秦代末期著名起义军首领项梁率兵路过淮阴时，韩信去投奔他，在军营里当个小兵。项梁去世后，他便跟随项梁的侄子项羽，项羽见他比一般兵士强，就让他当了个小军官。

韩信好几次向项羽献计，项羽都没有采用。韩信十分失望。后了听说刘邦率部到了南郑，就投奔了刘邦。在这里，刘邦也只给他当个小官。

有一次，韩信犯法被抓了起来，要被砍头。这时，刘邦的一个将军夏侯婴经过，韩信高声喊道：“汉王难道不想打出汉中，重建天下吗？为什么要斩壮士？”

南郑 属陕西省汉中市所辖。南郑历史悠久，在周代即为汉水上中游地区重镇，战国时期置县。为陕西置县最早的县之一。自公元前451年秦筑南郑城后，历为汉中郡、道、府、附郭首县。汉高祖刘邦为汉王时曾以南郑为都城。

栈道 栈道原指沿悬崖峭壁修建的一种道路。又称"阁道"、"复道"。我国在战国时期即已修建栈道。秦惠王始建陕西褒城堡谷至眉县斜谷的褒斜栈道，长235千米。秦代蜀时修了金牛道，被后世称为"南栈道"，长247.5千米。现在交通闭塞的山区，仍有类似的栈道，供人、畜通行。

夏侯婴闻言大惊。当时刘邦被项羽赶到汉中，就烧掉了入秦栈道，以示自己再无争夺天下之意，这是以退为进的高明战略。这个战略除刘邦集团少数高层了解实情外，极少有人知道，而这个面临死罪的小吏，却一语道出了刘邦之志！

夏侯婴看韩信不比一般人，就命人把他给放了，他还向刘邦推荐。于是，刘邦就派韩信做了个管粮食的小官。

后来，萧何见到了韩信，跟他谈了几次话，认为韩信胸中韬略，实在非比寻常，是个难得的人才，就很器重他，两个人的感情也越来越深。萧何几次三番劝刘邦重用韩信，但刘邦总是不听。韩信知道刘邦不肯重用他，就趁将士纷纷开小差的时候，也找个机会走掉了。

韩信背长剑驰快马，一路东行，到了第二天夜里，还是没能走出汉中。继续往前走却被一条雨后新

萧何月色追韩信

涨的河流挡住了去路。他驻马河边，心绪难平，想到自己空学兵书战策，却无用武之地，虽然萧何几番力荐，但刘邦不予重用，实在命运多舛！

韩信正在河边徘徊，忽然听见一个声音在他身后响起：“韩公慢走！”

韩信回头，发现竟是萧何，一时间心里五味杂陈，脱口喊了一声：“丞相！”

“可追着你了！”萧何喜极而泣，转而一脸怒容地说：“韩公为何如此绝情？你我相处数月，竟于一夕离我而去，你于心何忍啊！”

韩信无语，感觉一下子无从说起。良久，他终于叹了口气，道：“唉，丞相又何必在意我这么一个无用之人！”

萧何大步上前，双手抓住韩信的胳膊，诚恳地说：“公乃天下大才，汉王不听我言，这是我萧何之愧。公且请暂息雷霆之怒，随我回去，我以全家性命力保于你。汉王若再不用，我便与公一同走。公千不念、万不念，只念你我当初一见如故，念我萧何不顾山高水深路险途远，心似火燎，披星戴月，苦寻于公！”

韩信终于忍不住，泪水“哗哗”地流了下来。什么叫作知己，这就叫作知己啊！我韩信再不识相，那还是个人吗？于是说道：“丞相真乃大汉忠纯笃实之臣。古人云：‘士为知己者死’，丞相既为我生平知己，信敢不倾心从命？从此以后，愿为门下贤士！”

萧何是真正懂得欣赏韩信才能的知己。而就在这一刻，韩信已决定将自己所有的成败与生死托付给萧何，这是他做人的准则。他开心地说：“好，你我趁此一轮明月，速速赶回，免得汉王挂念。我急急忙忙地来追你，也没有向汉王禀报，汉王一定是急坏了！”

张良萧何韩信三杰

韩信欣然拨马，向前望去，但见朗朗月华，已明晃晃地照亮了前面的路。

萧何追回韩信，就马上来见刘邦汇报情况。刘邦听说萧何追的是韩信，说道：“逃走的将军有10多个，没听说你追过谁，偏偏去追韩信，为什么？”

萧何说：“一般的将军有的是，像韩信那样的人才，简直是举世无双。您要是准备在汉中待一辈子，那就用不着韩信；要是准备打天下，就非用他不可，您到底准备怎么样？”

刘邦说：“我当然要打出汉中！”

萧何说：“您如果要怎么做，就赶快重用韩信吧！不重用，韩信这样的大才早晚还是要走的！”

刘邦说：“那好吧，我就依你的意思，让他做个将军。”

萧何说：“您叫他做将军，还是留不住他。”

刘邦说：“那就拜他为大将军吧。”

萧何很高兴地说：“您这样才是英明的！”

垓下 古地名，位于今安徽省固镇东北沱河南岸，是刘邦围困项羽的地方，项羽在这里被围失败。据专家考证，垓下古战场俗称霸王遗址，现叫“霸王城”，当年的垓下古战场就位于今安徽省灵璧县的韦集镇垓下村一带，现今的垓下村就是2000多年前的霸王古城。

刘邦叫萧何把韩信找来，想马上拜他为大将。萧何说：“拜将是件大事，不能像小孩子闹着玩似地叫他来就来。您决心拜他为大将，要选个好日子，还得隆重地举行拜将仪式才好。”刘邦点头称是。

刘邦要拜将的消息传出后，跟随刘邦多年的将军个个兴奋得睡不着觉，认为这次自己一定能当上大将了。等到拜大将的日子，大家知道拜的大将竟是平日被他们瞧不起的韩信，一下子都愣了。

就在大家震惊之际，韩信已经自信满满地登上了拜将高坛，从刘邦手中接过代表大将军权力的虎符、玉节、金印、宝剑、鈇钺等，双方行君臣之礼，祝告天地，剖符结誓。

经过一番庄重的仪式之后，韩信终于正式成为大汉的三军统帅。这一年，韩信年仅23岁，比项羽成为楚国上将军还要小两岁。

拜将结束后，韩信向刘邦详详细细分析了楚汉双方的形势，认为刘邦发兵东征，一定能战胜项羽。刘邦越听越高兴，只后悔没早点发现这个人才。

韩信拜帅后，征战天下，屡建奇功，最后在垓下围住项羽并将其彻底击败，为刘邦建立大汉基业，立下了不世之功。萧何惜才爱才，以礼待之，在月夜之中不辞劳苦，长途跋涉，终于追回韩信，成为了贤臣识人、用人、惜人、团结人的千古佳话。

阅读链接

萧何与张良、韩信被称为“汉初三杰”，三人为大汉王朝建立了汗马功劳，其中以萧何功劳最大，地位最高。

据说萧何去世后，刘邦为缅怀功臣萧何，下令为萧何铸金头随葬。但后来萧何的黄金头像被盗墓人盗走。盗墓人用船载萧何金头辗转沿河北省滏阳河行至何家庄西河湾时，因湾大水急，船翻了，萧何金头沉入水底，虽打捞数日却不见踪迹。

后来，有善良的打鱼人把萧何金头打捞上来，就地埋在了西河湾畔，此后西河湾就被人们称作“萧何头”。

刘秀王霸的君臣情

自西汉武帝时实行“独尊儒术”的文化政策，儒学即与政治结合，并加速在社会中的传播。至东汉时期，东汉诸帝大多都有较好的儒学修养，他们推动了朝廷对儒学的提倡。

东汉王朝开国皇帝刘秀，是历史上著名的政治家和军事家，被誉为“中兴之主”。他身为一介布衣最后能够君临天下，不仅由于他本人具有雄才大略，更因为他能够以宽厚待人的儒学修养，得到一批文臣武将的辅佐。

在刘秀的辅臣中，王霸曾经几次出生入死，全力帮助刘秀兴复汉室，他们之间也由此建立了深厚的君臣之谊。

■ 光武殿

那是在西汉末年，外戚王莽篡权称帝，搞得民不聊生，各地纷纷举旗造反。公元22年，汉宗室刘秀在宛县起兵响应绿林起义军。

当刘秀率领起义军路过颍阳时，当地人王霸带门客见刘秀，说："将军起义兵，我不自量力，仰慕您的威信品德，愿意在您军中当兵。"

刘秀说："我做梦都在想与有才能有德性的人，一起建立功业呢！"于是热情地接纳了他们。随后转战各地。

刘秀足智多谋，英雄了得，屡战屡胜。王霸随军参战，英勇杀敌，立下了战功。不久，王霸因父亲老弱多病，便辞别刘秀，回家侍奉父亲。临别时，刘秀送与王霸许多金银，并嘱咐他安心在家侍奉父亲，又亲自送王霸很长一段路程，两人洒泪而别。

后来，刘秀带领大军开赴洛阳，中途路过颍阳，

外戚 也称"外家"、"戚畹"。指帝王的母族、妻族。最有名的是太后的兄弟，也就是国舅。历史上，帝王年幼时，外戚往往干政擅权。外戚干政是皇位继承制度的局限性造成的。外戚干政，常常导致严重的后果，甚至改朝篡位，乃至国家的灭亡。

汉光武帝陵

便亲自去看望王霸。

王霸深受感动，并请求父亲让他跟随刘秀离家出征。他父亲说："既然刘将军如此仁义重情，如此器重你，你就应知恩图报，你就去吧，参与国家大事，好好地辅佐刘将军，不要半途而废！"

那时候，刘秀还不是最高统帅，被起义军拥为更始皇帝的刘玄，对足智多谋、能征善战的刘秀十分猜疑。刘秀为了躲过杀身之祸，保存实力，便请求刘玄让他到河北去招抚各州郡的义军，刘玄答应了。于是王霸随刘秀而去。

风云变幻，前途险恶。那时，更始皇帝的权力还没布及到河北。刘秀此去，凶吉未卜，成败难测，并且长途跋涉，人困马乏，十分劳苦疲惫。但这些都没有动摇王霸的意志，他依然忠心耿耿地保护刘秀。

易水 也称"易河"，河流名。源出易县境，入南拒马河。分为南易水、中易水和北易水。因燕太子丹送荆轲刺秦于此作别，高渐离击筑，荆轲合着音乐高歌："风萧萧兮易水寒，壮士一去兮不复还！"而名扬天下。

这时，仅有的几个随从人员，担心刘秀成不了大事，而且受不了艰苦，就纷纷在半路上离开刘秀，不告而别。走掉的人越来越多，人马逐渐稀少。渡过黄河以后，刘秀环顾四周，见身边只剩下王霸和少数几个亲兵，寥寥几人而已。

刘秀良久地凝望着滔滔不息的黄河水，凝望着连绵不断的远山，思绪万千，万分感慨。过了许久才转过身来，拍着王霸的肩头，深沉地说："从颍川出来跟随我的人，只剩你一个了，真是疾风知劲草啊！"云天寥廓，秋风萧瑟，刘秀随口吟道，"风萧萧兮易水寒，壮士一去兮不复还。"

这句话是当年燕太子丹在易水河边送别荆轲去刺秦王时伴乐所歌，表达了无比悲愤慷慨的心情。

王霸忙说："将军，您还有希望。我们不能气馁，只要将军坚持下去，兴复汉室指日可待！"在王霸的劝说激励下，刘秀信心大增，便催马加鞭向前赶去。

刘秀到达蓟县，还没有站稳脚跟，一天，听说盘踞在邯郸的王郎派兵捉拿他，军兵已到了附近。刘秀只好连夜仓促南逃。在南逃路上，王霸尽心竭力地卫护刘秀左右，终于帮助刘秀脱离了险境。

刘秀对王霸说："让我们安心并得以渡河，是你王霸的功劳。"

王霸推辞说："这是您的恩德，神灵的保佑，即使是周武王的白鱼之兆，也不比这强。"

刘秀对部下说："王霸之功成

就了我们安全渡河，大概是上天的吉祥之兆。”众人皆以为是。刘秀任用王霸为军正，封关内侯。后来，王霸又亲自带领部队讨平了王郎，缴获王郎的官印。刘秀封王霸为王乡侯。

经过几年征战拼搏，刘秀做了皇帝，成了东汉的开国君主。但他仍然不忘王霸的忠心和才智，更加信任他了，就拜任他为偏将军。后来又改封他为富波侯，向侯，淮陵侯。

王霸始终不忘刘秀对他的知遇之恩和友爱之情，在任何岗位都倍加努力，孜孜不倦，恪尽职守。他亲自同士兵们垒土堆石，治隘口，筑亭障。并且冲锋陷阵，身经百战，为巩固和保卫东汉王朝作出了卓越的贡献。

刘秀是一个聪达多识，仁智明恕，乐施爱人的人，其才能和品德，无愧于一代“中兴之主”的盛誉。在历史上，像他这样知人善任、实现儒家“治国平天下”的君主，是永远值得人们称道的。

阅读链接

据《东观记载》，公元前5年1月15日的夜里，光武帝刘秀出生在洛阳县城，也就是今天的兰考县境的一座行宫里。在当时，刘秀的父亲刘钦是洛阳县令。这座行宫原是接待皇帝用的，自从汉武帝去世后就封闭着。因为妻子临产没有合适的地方，刘钦也就顾不得许多，让妻子住进了行宫。

据说，刘秀降生之时，红光照彻行宫。而在洛阳县内，当年又有嘉禾生长，一茎生出九穗。刘钦为此给孩子起名“秀”，因他是第三个儿子，所以字“文叔”。

马援的笃实品德

由于儒学在东汉时期的传播，儒家笃实宽厚的传统美德得到了进一步继承和发扬，以“实”为标准的笃实品格，被时人看作是行为处世的准则。东汉初期名将、“伏波将军”马援就是一个典型。

马援，他虽然南征北战，屡建战功，但居功不傲，谦虚谨慎，孝悌传家，其高尚的笃实品德修养，被传为佳话。

马援彩像

有一次，马援又打了大胜仗，率军凯旋，将要进都城洛阳，就有许多老朋友前来欢迎慰劳他。在欢迎的人群中，有一位素以谋略才能而名闻朝野的人，名叫孟冀，与马援是很要好的朋友。

马援见到孟冀也和别人一

匈奴 历史悠久的北方游牧民族，祖居在欧亚大陆。古籍中的匈奴是秦汉时期称雄中原以北的强大游牧民族，公元前215年被逐出黄河河套地区，历经东汉时期分裂，南匈奴进入中原内附，北匈奴从漠北西迁，中间经历了约300年。

样在祝贺自己，心里感到很不是滋味，于是便对孟冀说："你是一个很富有谋略的名臣，我本期望听听您的金玉良言，指出我的努力方向，您怎么反而像普通人那样说起客套话来呢？"

孟翼听了很窘，一时不知如何应对才好。

马援见他不说话，继续说道："从前，汉武帝时的伏波将军路博德设置7个郡，才加封了几百户。现在我功劳微薄，却享受3000户赋税的领地，实在深感惭愧。这样功小赏大，我真担心用什么行动来报偿！您该用什么谋略来帮助我呢？"

孟冀摇了摇头，说："我还没考虑到呢！"

马援见此情景，接着说："如今匈奴、乌桓还在扰乱北方，我打算主动请求出征。大丈夫应战死沙场，用马草裹着尸体回来埋葬罢了，怎么能安然地在家里等着寿终正寝呢？"

马援将军雕塑

孟冀钦佩地说："你心系边患，豪情不减，确实是一个胸怀壮志的大丈夫，应当像你说的那样啊！"

马援批评孟冀与人同祝，体现了马援处世谨慎、谦逊的优秀品格。马援不说空话，在洛阳仅待了一个多月，匈奴和乌桓又发起侵袭，他主动请求出征，前往北方迎战。这时的马援已经是62岁高龄了。

汉光武帝考虑马援年纪大了，不放心他出征。马援见没有下文，直接找到汉光武帝说：“我还能披甲骑马，请皇上让我带兵去吧！”说罢，当场向汉光武帝表演了娴熟的骑术。

汉光武帝见他精神矍铄，矫健的动作不减当年，便批准了他的请求。

汉朝光武帝刘秀

马援率兵征战在沙场上，但由于他长期辛劳，患了重病，在军中病故。他以自己的实际行动，实现了自己马革裹尸、不死床箦的志愿。

孟冀闻听马援噩耗，悲痛万分，更加钦佩他的高尚情怀，由衷地赞叹道：“马援忠勤国事，马革裹尸，令人钦佩，真是一个一心建功立业的男子汉！”

马援不仅严于律己，也严于告诫自己的亲属，积极向上，凡事不可懈怠。他秉承孝悌传家的精神，将兄子视同己出，严加教诲。

马援哥哥的两个儿子马严和马敦，常喜欢在别人背后议论人家的过失，他很生气，立即写信告诫他们。这封信就是流传至今的《诫兄子严敦书》。

马援写《诫兄子严敦书》的时间，是在他率军远征交趾的时候。在戎马倥偬，军务缠身的非常时刻，他还惦记着子侄的教育。忙中寻暇，万里传书，殷切

乌桓 古代民族之一。也称“乌丸”，乌桓族原为东胡部落联盟中的一支。其族属和语言系属有突厥、蒙古、通古斯诸说，未有定论。公元前3世纪末，匈奴破东胡后，迁至乌桓山，遂以山名为族号，大约活动于今西拉木伦河两岸及归喇里河西南地区。

马援雕像

之情，流于言表，肃严之意，沁人肺腑。

马援在信中说：

我希望你听到人家的过失，能像听到你们父母的名字那样严肃对待。耳朵可以去听，但嘴巴不可以去乱说。好议论别人的长短，拨弄是非，是最可恶的行为，我很讨厌它。

我宁愿去死，也不愿听到子孙有这种可恶的行为。我之所以这样叮嘱你们，就像母亲叮嘱一个将要出嫁的闺女一样，目的是希望你们不要忘记我的告诫。

马援在这封信中，还介绍了自己的两个好朋友，一个叫龙伯高，一个叫杜季良。

龙伯高为人敦厚谨慎，出言皆善，谦和节俭，清廉无私。杜季良为人豪侠好义，忧人之忧，乐人之乐，各色人等皆有交往，他的父亲去世，数郡都有朋友来吊唁。

在马援眼中，龙伯高和杜季良两人都是高尚的人，但马援希望两个侄子向龙伯高学习，而不能像杜季良那样陷入轻薄。这是阅历丰富的马援对晚辈成长过程中的最大观照。

马援认为，学龙伯高则还不失为一个老实谨慎的君子，所谓“刻鹄不成尚类鹜”。因为他笃实周慎，谨严敏行，稳重谦逊，廉洁勤俭，完全符合马援为人的标准。

马援对杜季良的评价则一分为二，杜季良虽然能忧人之忧，乐人之乐，行侠仗义，但结交朋友，其人品不分清浊，这不符合士大夫的保家全身的长久之策。所以马援明确规劝侄儿们务为诚厚谨慎，切勿华而不实，陷于轻薄。所谓“画虎不成反类犬”。

后来，马援的两个侄子果然没有辜负叔父的告诫，改正了自己的缺点，成为了被人们称赞的好后生。这说明马援身教言教、孝悌传家的实践是正确的。

马援不爱权势声名，不屑毁誉，老当益壮，马革裹尸，公忠为国，孝悌传家，身教言教，这些精神品质，是我们中华民族的优良传统。马援的精神，滋养着一代又一代中华儿女。

阅读链接

马援统率军征匈奴和乌桓时，由于长期南征北战， 年事又高，不幸病故在军中。后来汉明帝刘庄即位，励精图治，内外无幸曲之私，断狱得清，吏治比较清明，境内安定。他提倡儒学，使汉初确定的儒家的正统地位进一步巩固。

汉明帝为马援做了几件值得称颂的事：一是为马援建庙修墓；二是亲自题写金匾“马革裹尸”派人送到马家；三是将“马革裹尸”谱上曲子，作为军歌，规定汉军出征前，要高唱3遍，以鼓舞士气。可惜这首曲子久已失传。

甄宇谦恭能礼让

一个人能够谦恭礼让，也是笃实宽厚的体现，说明他严于律己，并且宽宏大量，以宽厚为美。东汉时期的甄宇就是这样的一个人。

甄宇，东汉初年太学博士。他学识渊博，为人憨厚，谦恭礼让，太学里的学生都很尊敬他。

甄宇从小就特别喜欢读书，对于儒家的经典无所不读。年龄渐长以后，就专门研究孔子编著的《春秋》，在学问上有自己独到的见解，在思想上完全尊奉孔子，在行动上也遵照儒家提倡的道德要求去做，因而在乡里有很好的名声。

汉光武帝刘秀建武年间，朝廷听说甄

■ 汉代太学图

宇很有学问，又待人宽厚，就把他征召到京城洛阳，任命他为博士。博士是教授官，在当时最高学府太学里任职，为太学生讲授儒家经典。

古时候，每年农历十二月初八为腊日节，是祭祀百神的日子。每至腊日，汉光武帝都要向太学颁诏，表示慰问，并赏赐每个博士一只羊，以资鼓励。

这一年，又到了腊日节，汉光武帝派大臣到太学里去慰问。大臣宣读诏书说："博士们讲学兢兢业业，焚膏继晷，十分辛苦。现在每位博士赐羊一只，带回家中，与家人团聚，欢度节日。"

诏书宣读完毕，博士们叩谢圣恩。随后，使臣命随从把羊群赶进了太学院中，点过数目，交给太学的长官祭酒，祭酒和博士们高兴地把使臣送出大门外。

祭酒一回到院中，心中就犯了难。原来，皇帝赐

太学 是古代的大学。太学之名始于西周时期。汉武帝时始设于京师长安，是全国最高教育机构。太学之中由博士任教授，初设五经博士，专门讲授儒家经典《诗》、《书》、《礼》、《易》、《春秋》。"博士弟子"有免除赋役的特权。汉光武帝重视儒学，京师洛阳太学讲堂规模很大。

瘦羊博士选羊

的羊大小不等，肥瘦不一。这怎么往下分发呢？分到肥羊的，当然会高兴，而分到瘦羊的，难免会说分配不公，待人有亲有疏。

祭酒想来想去，也没有想出个万全的办法来。最后，只好把博士们都召集来，让大家商量，想一个众人都满意的方法。

有一个博士说："羊本来就有肥有瘦，如果每人领一只，怎么也不会平均。依我看，不如把羊全都宰了，大家分肉，每人一份，肥瘦搭配，就不存在不合理的事了。"对这个主意，有的人赞同，但多数人不同意，认为血淋淋的肉不好往家拿。

有人主张用投钩的办法来分，也就是抓阄，把大小肥瘦的羊编上号，就凭个人运气来撞。这个主张又引起大家的议论，有人认为这种方法可行，也有人认为不妥。

大家七嘴八舌地吵嚷了老半天，仍然没有商量出一个好办法。这时，站在一边没吱声的甄宇忽然对大家说："大家不必争吵了，我看还是大家各牵走一只吧，我先牵一只去。"说着，他走向了羊群。

甄宇的话引起了大家的注意，一齐望了过去，大家都一齐用好奇而又怀疑的目光注视着甄宇，想看看他到底牵什么样的羊。有的人在心里说：要是这样先下手去挑，把大的挑走了，剩下的给谁呀！

此刻的甄宇心里想的是：为人处世，只有不怕吃亏，敢于吃亏，宁可自己吃点亏去照顾大家情面，才能与人和谐相处，并赢取别人的信任，这样才会使自己处处受欢迎。想到这些，甄宇走到羊群跟前，左挑右选，仔细观看，最后竟把羊群里最瘦最小的一只羊牵走了。

看到甄宇的所作所为，一些存有私心的博士羞红了脸，深深地感到自己不如甄宇品德高尚。人们不再争执了，大家纷纷来到羊群处，你谦我让，各自牵上一只羊，高高兴兴地回家去了。

这件事很快传了出去，京师洛阳城里的人，纷纷赞扬甄宇，还有人给他起了个绰号，叫做“瘦羊博士”。从此，这个带有敬意的绰号就在京师传扬开来，人们都这样称呼他了。后来，这件事被汉光武帝知道了，认为甄宇宁愿自己吃亏，也要让同事高兴，保住大家都不伤面子，实为君子之所为，这样的人是最能让人信赖的。于是，就对甄宇进行嘉奖。

甄宇在利益面前做到了克己让人，这既是做人的一种素质，也是一种智慧，更是做人的一块金字招牌，赢得了世人的赞誉。后来，人们就用“瘦羊博士”这个典故，来形容那些谦恭有礼的人。

阅读链接

甄宇是东汉光武帝刘秀时的太学博士。汉光武帝注重儒学，他称帝后，戎马未歇，即先兴文教。于公元29年起访求雅儒，四方学士云会京师，在洛阳城南开阳门外建太学，设立五经博士，重开学业。甄宇就在这些学士之中。

在当时，光武帝曾多次亲幸太学欣赏博士们相互论难，考其学业，观看学生的“雅吹击磬”等娱乐活动，并物质奖励博士弟子以劝学。

刘宽对人仁慈宽厚

仁慈宽厚是一种高尚的道德人格，在生活中，通过宽厚的道德人格来打动别人，最容易达到人我沟通的目的。东汉时期名臣刘宽，就是一个仁慈宽厚的人。刘宽，是一个君子，能用忍抑制愤怒与自己的欲望，因以宽厚待人而闻名。

刘宽画像

有一天，刘宽驾着一辆牛车外出游览，牛车慢慢地向前走着。

突然，一个冒冒失失的人跑过来，拉住了刘宽的牛车说："难怪我的牛不见了，到处找都没找到，原来是你把我的牛用来拉车了。"

刘宽对这突如其来的事，感到有些莫名其妙。心想，这么多年来我都是坐这头牛拉的车，这牛怎么是他的呢？任凭刘宽怎么向那人解释，那人只是一口

■ 刘宽宽厚待人

咬定这头牛是他的。刘宽一想，别人丢了牛，又急着要用，与他争也无用，便只好暂时让那人把牛牵走，自己步行回家。

没过多久，那个丢牛人找回了自己的牛，便把刘宽的牛送了回来，并跪下叩头向刘宽道歉说："真对不起，误会了你，随你怎么处罚我都行。"

刘宽不但没有责怪他，反而体谅地说："同一类动物有相似的，有时候难免弄错。现在你很辛苦地把牛给我送回来了，我还要谢谢你呢！"

被人误解而不争辩，让清者自清，平者自平，刘宽的容忍气度之大让人感叹。人们都佩服称赞他这种不与人计较的宽厚德量。

刘宽让牛的故事，被后来南北朝时期的南朝刘宋史学家范晔写进了《后汉书》。汉桓帝刘志时，征召刘宽授官尚书令，又升为南阳太守，推举掌理三郡。

尚书令 古代官名。始于秦代，西汉时期沿置，原本为少府的属官，掌管文书及群臣的奏章。汉武帝时以宦官司担任，又改称"中书谒者令"和"中谒者令"。汉成帝时恢复尚书令名称，权势渐重。东汉时期政务归尚书，尚书令成为对君主负责总揽一切政令的首脑。

刘宽嗜酒

刘宽办理政事，恪尽职守。政务有了功绩，推让给下属。有时出现了灾异，他就引咎自责。

刘宽宽心仁厚，对人多行宽恕。他认为，假如以刑罚来整治属下和百姓，就会造成他们只求逃避刑罚而没有了羞耻之心。刘宽对有了过错的属下官吏，只用蒲草做的鞭子施刑处罚，只是为表示羞辱，终归不对之施加严刑。

刘宽每次巡视属县，都只是住在乡间客舍中，看见老年人就与他们谈农事和乡土之事，以示关切；对年轻人，则勉励他们孝顺父母，善事兄长，以教诲加以鼓励。由于刘宽施行德政，人们被他的道德和行为所感化，风俗人心一天天地改善。

汉灵帝刘宏时，刘宽升为太尉，成为管理军事的长官。汉灵帝喜欢学艺，每次引见刘宽，经常令其讲经。

刘宽别无嗜好，就爱喝点酒。有一次为汉灵帝讲经时，他醉了趴在桌子上。汉灵帝问他是否酒醉，他抬头应答："臣不敢醉，但任重责大，忧心如醉。"此番言论令汉灵帝颇为感动。

刘宽身为太尉，虽然权力很大，但仍然宽恕为怀，以仁立德。有一次，他家请客，叫仆人到市上买酒。大家坐着等了很久，也没见把酒买回来，连客人们都等得不耐烦了。过了很久，只见仆人喝得酩酊大醉跌跌撞撞地回来了。有个客人忍不住骂道：“混账东西，太不像话了。”

仆人十分狼狈地走了。过了一会儿，刘宽不放心仆人，就派人去看他，并对左右的人说：“他也是人啊，骂他‘混账东西’，太侮辱人了，我怕他受不了寻短见。”

刘宽素来仁慈宽厚，对家里人及其侍女也是如此，即使仓促之中，也从来不曾疾言厉色。有一次，刘宽的夫人故意想惹他发一次脾气，就在他穿好朝服，准备上朝的时候，叫侍女捧一碗鸡汤给他喝，端到他面前时故意失手，把鸡汤倒翻在他的朝服上，泼得他朝服尽是肉汤和油污。

侍女赶快揩擦后，低头站在一旁，准备挨主人的骂。

刘宽神色不改，他不但不生气，反而关切地问到：“你的手烫着了吗？”

侍女很受感动。刘宽的夫人在一旁看到了，更敬佩丈夫的涵养。

刘宽温和的性情，宽宏的气度，一直受到人们的尊敬，都称他是“长者”。

阅读链接

在陕西潼关高桥乡北有一个千年古堡，官名刘家村，俗名“还牛堡”，是东汉末年“父子宰相”刘崎、刘宽的故里。刘宽发生“让牛”的佳话，千里与闻，州里钦佩，为传承刘氏遗风，刘家村改称“还牛堡”。

还牛堡民风淳朴，每年正月初一，刘氏后裔合族老幼会聚一堂，重温刘氏族规，齐诵刘氏遗训：尊宗祭祀，孝顺父母；和睦宗族，友恭兄弟；耕读传家，崇尚节俭；勤能补拙，俭可养廉；忠厚公道，孤寡无欺；祖风贯通，家规永垂。

诸葛亮以德服孟获

笃实宽厚美德所养育的人格力量是巨大的，它可以使一个冥顽的人因受到感化而改变。三国时期的诸葛亮，就曾经用自己的人格力量感化教育了孟获，最后收到了最佳效果。

诸葛亮彩像

诸葛亮，三国时期杰出的政治家、军事理论家。蜀汉丞相。谥号“忠武侯”。

诸葛亮聪明绝顶，神机妙算，打了无数次胜仗，这些成功背后都有一个根本原因，就是他的仁义和诚信。尤其是在对待孟获叛乱的问题上，更是展现出了感人的道德涵养和胸怀气量。

那是在诸葛亮受刘备托孤

诸葛亮论三分天下塑像

遗诏，准备北伐兴汉之际，南方边境却又突然传来西南蛮王孟获带兵侵犯的消息。诸葛亮权衡利弊，决定先平定西南。

在当时，云南尚未开发，地形复杂，瘴气和传染病流行。诸葛亮深知这不是一场打赢就算的战役，南蛮如果不服输，蜀军战胜回朝后，可能会变本加厉，将成大患。因此，更需要从长计议。

主意已定，诸葛亮于是率55万大军，从蜀地出发，翻山越岭，来到云南山区。西南蛮王孟获知道诸葛亮来了，马上命三洞元帅带兵与诸葛亮交战。

诸葛亮首战就以智取胜，最后将蛮兵与洞主都绑到了帐前。诸葛亮亲赐酒食、衣服，还叮嘱他们回去后安居乐业，别再造反。

孟获闻知大怒，决定率兵进攻。但是，孟获大军的动向早在诸葛亮掌握之中。孟获中计溃军后，无论

南蛮 最古老的原生民族。是世界稻作文明、海洋文明的创造者；茶、陶器、漆器等手工业的发明者，为世界古老民族之一。南蛮的民族大体可分为百越、百濮与巴蜀三大族系。百越族系分布于长江以南，百濮族系分布于今湖南省、贵州省一带，巴蜀族系分布于今四川省、重庆一带。

逃到哪，都跑不出诸葛亮设好的埋伏圈。最后，孟获被逼到窄径上，弃马而逃，又中了诸葛亮的埋伏被活捉。

孟获被押到诸葛亮帐前，很不服气。诸葛亮看他不服气，便说：“你不服气，那我就放你回去吧！”于是就放了他。

蜀汉的将领们很不理解丞相的做法，大家都说：“抓到蛮王，南方就平定了，为何又纵虎归山？”

诸葛亮笑着跟大家说：“我要抓孟获是轻而易举的事情，但得让他心服口服，南方才能真正安定。”

孟获回去整兵待发。但很多蛮兵蛮将都受过诸葛亮不杀之恩，再加上原来是受孟获所逼，才起兵造反，因此希望停止战乱。于是，他们活捉了孟获，去投靠蜀汉。

孟获第二次被抓到，诸葛亮又问：“你上次说，如果再抓到你，你才服气。现在你服不服？”

孟获并没有想到是诸葛亮的仁义收服了人心，只认为是自己的下属背叛。他气呼呼地大叫：“这次是我的手下背叛我，并不是你抓到

诸葛亮擒孟获

我，要我怎么服气！”

诸葛亮微微一笑，说道：“既然这样，那就再把你放了吧！”

孟获回到洞中，他的弟弟孟优给他献了个计谋。半夜时分，孟优带人来到汉营诈降，诸葛亮一眼就识破了他，于是下令赏了大量的美酒给南蛮之兵，使孟优带来的人喝得酩酊大醉。这时，孟获以为弟弟孟优已经取得了蜀军的信任，就按计划前来劫营，却不料自投罗网，又一次被擒获。

孟获塑像

这回孟获仍是不甘心，诸葛亮便第三次放了他。

孟获回到大营，立即着手整顿军队，待机而发。一天，忽有探子来报：“诸葛亮正独自在阵前察看地形。”

孟获听后大喜，立即带了人赶去捉拿诸葛亮。不料这次他又中了诸葛亮的圈套，第四次成了瓮中之鳖。

诸葛亮知道，孟获这次肯定还是不会服气，就又一次放了他。

孟获带兵回到营中。第二天，他营中一员大将来和孟获喝酒。这员大将以前也跟着孟获数次被擒被放，心里十分感激诸葛亮。为了报诸葛亮之恩，他就将孟获灌醉，然后把他押到汉营。

孟获5次被擒仍是不服，大呼是内贼陷害。诸葛亮便第五次放了他，命他再来战。

这次，孟获回去后不敢大意，他去投奔了一个叫木鹿大王的洞主。木鹿大王的营地极为偏僻，诸葛亮带兵前往，一路历尽艰险，加

诸葛亮擒孟获

上蛮兵使用了训练后的野兽入战，使汉兵败下阵来。

在这之后，汉军又碰上了哑泉，人饮其水不能言语，使情况变得更为不妙。诸葛亮根据以前掌握的知识，再加上当地土著的指点，用安乐泉水化解了毒性，最后安全回到大营。

诸葛亮回营后，根据蛮兵训练后的野兽形象画出图纸，命人照着造出了大于真兽几倍的假兽，然后再度发兵攻打木鹿大王。当蜀军再次与木鹿大王交战时，木鹿大王的人马见了假兽，个个胆战心惊，吓得不战自退了。而孟获又被蜀军擒获。

这次孟获心里虽仍有不服，但再没理由开口了，诸葛亮看出他的心思，第六次放了他。

孟获被释后又去投奔了南中附近的乌戈国。乌戈国拥有一支英勇善战的藤甲兵，所装备的藤甲刀枪不入。诸葛亮对此却早有所备，他采用火攻之法，最后大败藤甲兵。孟获第七次被擒。

丞相 古代官名。我国古代皇帝的股肱，典领百官，辅佐皇帝治理国政，无所不统。丞相制度，起源于战国。秦国自秦武王开始，设左丞相、右丞相。明太祖朱元璋杀丞相胡惟庸后废除了丞相制度，同时还废除了中书省，大权均集中于皇帝，君主专制得到加强，皇权与相权的斗争以皇权胜利而告终。

这一次，诸葛亮命人将孟获带到别的营帐，款待酒食，让他压压惊。孟获闷着头独自喝酒，心里七上八下。没多久，进来一个人告诉他说："我们丞相不好意思再见到你，命我放你回去，再招人马来一决胜负。"

孟获听了，要求去见诸葛亮。来人一看，果然不出丞相所料，他真的是有悔改之意了，就把他带到诸葛亮那里。孟获见到诸葛亮，流着眼泪说："七擒七纵，自古以来从未有过。我虽然是个蛮人，也还不到完全没羞耻心。"

诸葛亮见他已心悦诚服，觉得可以利用，于是便委派他掌管南蛮之地。

孟获等听后不禁深受感动，说道："现在，我对丞相是彻底服气了。我向丞相保证：南人永远不再反叛！"

孟获归附蜀汉，南方之乱平定了。从此以后，诸葛亮不必再为南方边境担心而专心对付魏国去了。

诸葛亮以智慧和宽大的胸怀，七擒七纵，以德服人，收服了南蛮王的心，让孟获输得心服口服，从而平定了蜀汉的边境大患，赢得了长久的和平。

阅读链接

诸葛亮平定南蛮王孟获时，泸水一带瘴气很重，而且泸水有毒。有人提出杀死一些南蛮俘虏，用他们的头去祭泸水的河神。诸葛亮当然不能同意，但为了鼓舞士气，他想出了一个办法：用军中带的面粉和成面泥，捏成人头的模样儿蒸熟，当作祭品来代替"蛮"头去祭祀河神。

从那以后，这种面食就流传了下来，并且传到了北方。但是称为"蛮头"实在太吓人，人们就用"馒"字换下了"蛮"字，写作"馒头"，久而久之，馒头就成了北方人的主食品。

蒋琬豁达宽宏大量

豁达的心胸也是笃实宽厚美德的体现。三国时期蜀国丞相诸葛亮的继承者蒋琬，为人处世豁达大度，待人处事宽厚仁慈，赢得了世人的赞誉。

蒋琬，青年时期才华卓著，在当地便很有名气，以州书佐随刘备入蜀后，提拔为广都县长官。

在当时，蒋琬对县官之职殊感屈才，便众事不理，终日醉酒。一次，刘备出巡广都，发现蒋琬正烂醉如泥，无法前来迎接，便勃然大怒，欲加以严厉处罚。

诸葛亮劝说："蒋公琰乃社稷之器，非百里才也。他志在安民，不尚修饰，愿主公察之。"

刘备尊重诸葛亮的意见，只给以免

职，不再加责。

诸葛亮在刘禅即位后，成立丞相府，受先主刘备之托辅佐。他提拔蒋琬先后任东曹椽、参军、丞相府长史兼抚军将军等职，成为诸葛亮的重要助手。此后，诸葛亮一直与他保持频繁的书信往来，评论当时人才，兼及政局时势。

■ 蒋琬雕像

诸葛亮南征和北伐曹魏，留蒋琬统管丞相府事宜。蒋琬不负所托，坐镇成都，筹集粮食，组织运输，补充兵源，总是足食足兵。诸葛亮常常对人说：

> 蒋公琰忠心耿耿，雅量宽和，应当是和我共同辅佐帝王大业的人。

后来，诸葛亮病逝在北伐前线五丈原，在生命的最后时刻，秘密上书给后主刘禅："如果我去世了，以后的军国大事可以托付给蒋琬。"

刘禅遵照诸葛亮之嘱，先后任命蒋琬为尚书令、益州刺使、大将军、封安阳亭侯。

诸葛亮去世，蜀国上下一片悲哀。当时外有强敌魏军压境，内有杨仪与魏延不和，朝廷笼罩着惶恐不安的气氛，独蒋琬与众不同。蒋琬面对人心惶惶的危难局面，泰山崩如前而面不改色，镇静自若，从容自

书佐 古代官名。主办文书的佐官制，州郡门下及诸曹皆有书佐，在外由州郡长官自行辟除。书佐除诸曹外，因属州郡长官亲近属吏，故又称"门下书佐"。汉代公府、郡认各曹有书佐，地位在掾、吏之下，主文书缮写等事。历代沿设。唐武德时改名为"参军事"。

蒋琬祠堂

如，料理一切。

他既不带荣登台辅的喜色，也没有让哀戚形于面容，言行举止，一如平常，只在心里默默掂量肩上的重担。这种气魄和定力，渐渐消除了蜀汉人民的不安和观望情绪，使蒋琬赢得了众人的敬服。

蒋琬在接任诸葛亮丞相之职后，在与同僚和部属的相处过程中，从不计个人恩怨，不以别人对自己的态度来断是非，表现出难得的自知之明和知人之明。

蒋琬曾经提拔杨戏为东曹掾，甚为看重。杨戏生性疏略，蒋琬与他谈话，他经常不作回答。于是，有人别有用心地对蒋琬说："你与杨戏说话，他却不作回答，这样不尊重上司，不是太过分了吗？"

蒋琬对杨戏始终没有一丝一毫的成见，他严肃地回答："人心不同，各如其面，当面顺从而背后非议，这是古人所不为的。杨戏要称赞我，这又不是他的本意，要反驳我，又会表明我的错误，所以沉默不语。这正是他为人坦诚的表现。"

更为显著的例子是蒋琬不怀成见地对待杨敏。农官杨敏曾经直率地说："蒋某人做事糊涂，实在不如前人。"这一大胆的言论很快被报告上去，主管官吏要求审讯杨敏，蒋琬表示反对。

蒋琬说：“我确实不如前人，这是实情，不必追究。”

主管官吏说：“就算是不去追究，那也该责问他所指的是哪些糊涂表现。”

蒋琬说：“如果去追究哪些地方不如前人，这本身就做了不合情理的事。做事不合情理，也就是糊涂了，还何必再去追问呢？”

不过，这件事还没有了结。后来杨敏因事入狱，有人担心蒋琬乘机报复，这样一来杨敏必死无疑。但是胸怀磊落的蒋琬并无芥蒂，毫无个人的亲疏恩怨，杨敏得以免除生命之忧。

通过这些事，同僚、部属都十分敬重他，称赞蒋琬豁达大度，不计私怨。因此，他的威望也越来越高。后来，有人赞蒋琬“宰相肚里能撑船”，意思是说他宽宏大量，大人有大量。

从上述事例可以看出，蒋琬确实具有常人所没有的度量。他以静治国，注意选拔人才，用人之长，兼之志存高远，胸襟开阔，不计较眼前的得失、个人的荣辱，因此使蜀汉在失去了诸葛亮之后维持了稳定的政治局面。不失为一个继诸葛亮之后作风稳健的政治家。

阅读链接

蒋琬出生时，是一个旭日灿烂、朝霞满天的早晨。据说他刚一落地，忽然一道祥光从产房直射天空，顿时，屋顶瓦片纷飞，后山百鸟飞舞，池塘鱼儿欢跃，湾里牛嘶马叫。蒋母梦得吉兆，孩子出生再现吉兆，就为孩子取名为“琬”，以美玉来象征吉兆。

蒋琬小时候长得眉清目秀，聪颖过人，男女老少都很喜欢他。小蒋琬发奋读书，苦练武艺，10多岁就以才识渊博，武功高强而闻名于乡里。后来，蒋琬随刘备入蜀，为诸葛亮所器重，成就了一番事业。

曹操割发以明军纪

严于律己是笃实宽厚美德的内涵之一，它的要求是要严格地约束自己的一言一行。三国时期的杰出政治家、军事家和诗人曹操就是这样的人。

曹操，带兵军纪严明，并且以身作则，带头遵守，因此他的军队很有战斗力，很快就消灭了多股强大的军阀割据势力，并统一了北方。

曹操画像

曹操看到中原一带，由于多年战乱，人民四处流散，田地荒芜，就采纳部将的建议，下令让军队的士兵和老百姓实行屯田。很快，荒芜的土地种上了庄稼，收获了大批的粮食。

有了粮食，老百姓安居乐业

曹操雕像

了，军队也有了充足的军粮，为进一步统一全国打下了物质基础。看到这一切，大家都很高兴。

可是，有些士兵不懂得爱护庄稼，常有人在庄稼地里乱跑，踩坏庄稼。曹操知道后很生气，他想，浩浩荡荡的大军，如果不加约束，肯定会把大片的庄稼损坏。于是下了一道极其严厉的命令：全军将士，一律不得践踏庄稼，违令者斩！

将士们都知道曹操一向军令如山，令出必行，令禁必止，决不姑息宽容。所以此令一下，将士们小心谨慎，唯恐犯了军纪。将士们操练、行军经过庄稼地旁边的时候，总是小心翼翼地通过。有时，将士们看到路旁有倒伏的庄稼，还会过去把它扶起来。

老百姓看见曹操的官兵这样爱护庄稼，没有不称颂的。有的望着官军的背影，还跪在地上拜谢。

有一次，曹操领兵出征，要经过一片麦田。当时

屯田 历代封建王朝组织劳动者在官地上进行开垦耕作的农业生产的一种组织形式。有军屯与民屯之分，以军屯为主。汉武帝刘彻于公元前119年击败匈奴后，在国土西陲进行大规模屯田，以给养边防军，这就是边防屯田。至曹魏形成一套完整的制度。

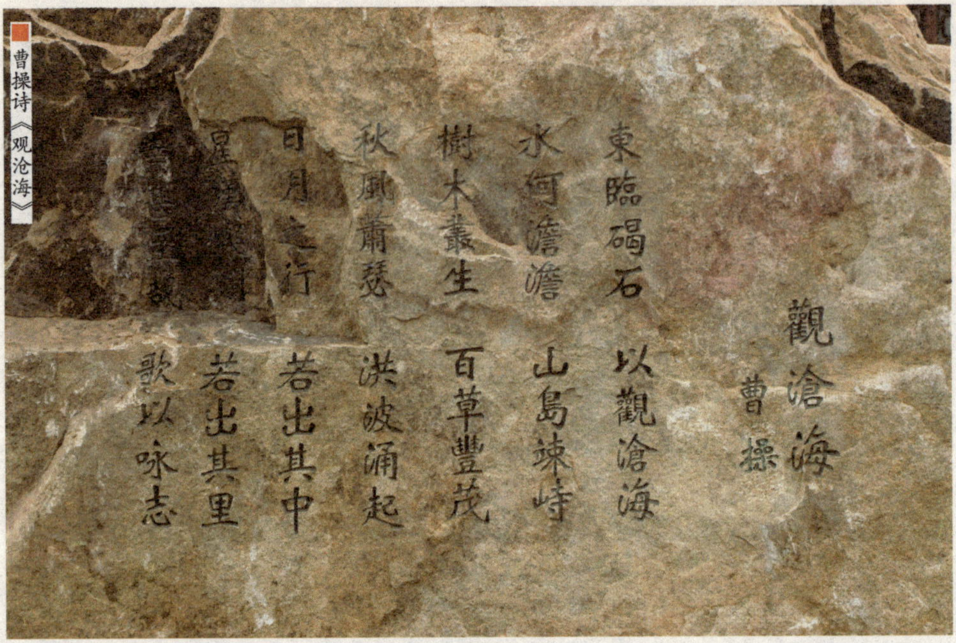

曹操诗《观沧海》

正是麦子扬花抽穗的季节，他再次号令三军：“士兵不得损坏麦子，违犯命令的处死。”

命令一下，将士们个个小心翼翼。骑兵都下了马，用手扶起麦苗，以帮助马匹便于通过。

就在大军快要走过麦田时，突然“扑啦啦”一阵响，从路旁的草丛里窜出几只野鸡，贴曹操的马头上飞过。曹操的枣红马没有防备，被这突如其来的情况吓惊了。它嘶叫着狂奔起来，跑进了附近的麦子地。等到曹操使劲勒住了惊马，发现地里的麦子已经被跳跃着的马踩倒了一大片。

曹操心里感到很惭愧，立即叫来随行的主簿官，十分认真地对他说：“今天，我的马踩坏了麦田，违犯了军纪，请你按照军法给我治罪吧！”

听了曹操的话，主簿官犯了难。按照曹操制订的军纪，踩坏了庄稼，是要治死罪的。可是，曹操是主帅，军纪也是他制订的，怎么能治他的罪呢？想到这，他说道：“怎么能给丞相治罪呢？”

曹操说："我亲口说的话都不遵守，还会有谁心甘情愿地遵守呢？一个不守信用的人，怎么能统领成千上万的士兵呢？"随即抽出腰间的佩剑要自刎，众人连忙拦住。

这时，大臣郭嘉走上前说："古书《春秋》上说，'刑不上大夫'。丞相统领大军，重任在身，怎么能自杀呢？"

曹操说："这怎么能行？如果大夫以上的高官都可以不受法令的约束，那法令还有什么用处？何况这糟蹋了庄稼要治死罪的军令是我下的，如果我自己不执行，怎么能让将士们去执行呢？"

主簿官又说道："丞相，您的马是受到惊吓才冲入麦田的，并不是您有意违犯军纪，踩坏庄稼的，我看还是免于处罚吧！"

主簿 古代官名，即各级主官属下掌管文书的佐吏。隋唐时期以前，因为是长官的亲吏，权势颇重。魏晋时期以下统兵开府之大臣幕府中，主簿常参机要，总领府事。隋唐时期，主簿是部分官署与地方衙门的事务官。

■ 赤壁之战场景

曹操征战图

髡刑 上古时期的五刑之一，为将人头发全部或者部分剃掉的刑罚，是一种耻辱刑，主要流行于夏商周时期至东汉时期。古人认为身体发肤受之父母不敢毁，所以剃光了是对人的一种羞辱。魏晋南北朝时期，佛教徒是剃光头的，而且又不结婚，世俗社会认为是大不孝行为，所以当时的人蔑称他们为“髡人”。

曹操反驳说：“不，你的理不通。军令就是军令，不能分什么有意无意，如果大家违犯了军纪，都去找一些理由来免于处罚，那军令不就成了一纸空文了吗？军纪人人都得遵守，我怎么能例外呢？”

主簿官头上冒出了冷汗，他想了想又说：“丞相，您是全军的主帅，如果按军令从事，那谁来指挥打仗呢？再说，朝廷不能没有丞相，老百姓也不能没有您呀！”

众将官见大臣郭嘉和主簿官都这样说，也纷纷上前哀求，请曹操不要处罚自己。

曹操见大家求情，沉思了好久说：“既然古书《春秋》上有‘刑不上大夫’的说法，我又肩负着天子交给我的重要任务，那就暂且免去一死吧！但是，我不能说话不算话，我犯了错误也应该受罚。”

说完，曹操就抽出佩剑，挥手割断了自己的头发说：“不治死罪，也要治罪，那就用我的头发来代替我的首级吧！”

曹操又派人传令三军：

> 丞相践踏麦田，本该斩首示众，因为肩负重任，所以割掉头发替罪。

在场的将士们，见了曹操的这一举动，个个都张口咋舌地称赞了一番。不久，曹操统率这支严格训练，严明军纪的2万精兵，一举击败袁绍10万众兵，取得官渡决战的胜利。

剪头发是件很正常的事，可是，古代人认为自己的身体发肤是父母所赐予的，毁伤了它，就是不孝。割下人的头发，在当时还算是一种不轻的刑罚，被称作髡刑。

如果曹操当时置已经长熟的庄稼于不顾，任由军队乱马齐踏，遭殃的自然是辛苦了一季的百姓。以割发自刑，并不是做给旁人看的狡诈行为，主要是反映了他能以身作则的大将风度。

曹操作为封建社会的政治家，能够割发代首，严于律己，实属难能可贵。所以也就被后人传为佳话。

阅读链接

曹操是一个事必躬亲的人。在官渡之战中，曹操以其区区2万人对峙袁绍的10万大军。但他意志坚定，不放过任何一个机会，在淳于琼带兵驻守乌巢后，虽知道突袭变数很大，但仍然决定亲自率5000精骑乘夜抄小路奔袭乌巢。

正是在曹操置身其中、亲自督战的精神感召下，他的兵士个个勇猛无敌，放火烧粮，把淳于琼1万多兵力杀得落花流水，把1万多车的粮草烧了个一干二净。至此，成为官渡之战的转折点，奠定了官渡之战的胜利。

孙权察人律己之德

如果说曹操有严于律己之美，那么孙权更有察人律己之德。三国时期的孙权反对空谈，雅量容人，知错能改，因而能坐镇江东，成就一番事业。同样体现了儒家一贯提倡的笃实宽厚精神。

孙权的父亲与兄长在东汉末年群雄割据中打下江东基业，孙权自19岁执掌政务，后来建立东吴政权。其过人之处不仅在于他文治武功，英明有为，更有赖于他明察秋毫，明辨是非，而且自己也能够知错必改。

孙权在少年时，在哥哥孙策

■ 孙权（182年～252年），字仲谋，吴郡富春，即今浙江富阳人，三国时代东吴的建立者。据传他是春秋时期兵法家孙武的第22代孙，是孙坚的第二个儿子。生来紫髯碧眼，目有精光，方颐大口。形貌奇伟异于常人。自幼文武双全，早年随父兄征战天下。善骑射，年轻时常常乘马射虎，胆略超群。

庇护之下，养成一些纨绔习气，每日呼朋唤友、吃喝玩乐，手头未免吃紧。而孙策虽为江东之主，却对弟弟要求严厉，平时绝少给零花钱。

孙权惧怕哥哥，又想花钱舒服，便去找管钱的吕范通融，意图弄些银两来花。不料吕范非常坚持原则，他正色说：“银子不是没有，但必须按程序办事，我得先向主公报告，主公如果同意，我立刻给钱，否则不能擅动，请您包涵。”

孙权画像

这话说得不卑不亢，孙权碰个软钉子，灰溜溜走了。回去后，经手下人一怂恿，孙权放出狠话：“待我掌权，一定杀了吕范”。

此话传到了吕范的耳里，吕范倒不害怕，只是微微一笑，之后遇到孙权来要钱，照旧秉公办事，并不买账。

两年之后，孙策让孙权到阳羡做代理县令。孙权有了权力，如鱼得水，时常公款私用。一天，孙策突然安排人对孙权进行“任中审计”，孙权知道在责难逃，吓出一身冷汗。

这时，孙策身边有一个叫周谷的功曹，惯于察言观色、心眼活络，见孙权忧心，以为邀功之机来临，便站出来替孙权连夜制造假账，成功地骗过孙策，使

江东 指长江以东地区，古人以东为左，故又称“江左”。古以中原为中心，长江以南为外，外即表，故称江南为“江表”。江表，又因位于长江之东，所以又称“江东”。三国时期江东是孙吴政权的属地，所为也有把孙吴统治的全部地区都叫“江东”。

孙权与孙策雕像

孙权躲过一场责罚。

孙权当时很高兴，拍着周谷肩膀说："日后等我掌权，肯定重用你。"周谷自然满心欢喜。

不久孙策亡故，孙权执掌政务，重新审视周围大臣。这时他才发觉，曾拒绝自己的吕范，为人忠诚可信，而迎合自己的周谷，却毫无操守，难以让人放心。于是，他对吕范委以重任，而将周谷毅然辞退。

成大业者，并非生而伟岸。孙权也曾不肖，但他成为江东首领后迅速完成角色转变，成功转型，不仅明辨是非，知材善用，而且也做到了知错必改，使自己的人格逐渐完善。这便是孙权的过人之处，也是他取得成功的根本。

在孙权重用的人才当中，张昭由于常常直接指出孙权的过错，因而与孙权的关系很有戏剧性。

张昭（156年～236年），字子布，江苏徐州人。三国时期孙吴重臣。张昭在孙权面前敢于说出自己的意见，往往指责孙权做得不对的地方，对于孙权有良性的作用。张昭晚年时一度不参与政事，在家著《春秋左氏传解》及《论语注》，今佚失。

张昭是东吴两朝老臣，他在孙权面前从来是直言不讳的，因此获得孙权的信任，也因此产生了矛盾。

有一次，远在辽东的公孙渊派人递降表，孙权一看，高兴极了，马上派张弥、许晏两人去授公孙渊为燕王。

张昭听了，马上阻止说："公孙渊背叛了魏国，怕因此受到征讨，所以才远道来求我们援助的，归顺不是他的本意。如果公孙渊改变了主意，打算重新获得魏国的谅解，就会杀人灭口，这两个使臣肯定回不来了。那样的话，不是白白送了他两人的性命而叫天下人耻笑吗？"

士人 是古代文人知识分子的统称，他们学习知识，传播文化，政治上尊王，学术上循道，周旋于道与王之间。他们是国家政治的参与者，又是传统文化的创造者、传承者。士人是我国古代才有的一种特殊身份，是中华文明所独有的一个精英社会群体。

孙权说出了自己这样做的想法，但都被张昭一一加以驳斥。这样反复了几次，张昭一次比一次态度坚决，言词非常激烈。

孙权拔剑石刻

孙权说不过张昭，觉得面子上过不去，就变了脸，拔出宝剑怒气冲冲地说："吴国的士人入宫则拜见我，出宫则拜见您。我对您的倚重也到了无以复加的程度，可是您却多次在大庭广众之下让我难堪，我真担心有一天会因为不能容忍而杀死了您。"

听了这些，张昭既没慌张又没退缩，他非常镇定地说："我之所以明知道您并不按我说

剑 古代兵器之一，属于“短兵”。素有“百兵之君”的美称。古代的剑由金属制成，长条形，前端尖，后端安有短柄，两边有刃的一种兵器。剑为具有锋刃之尖长兵器，而其大小长短，端视人体为标准，所以须量人而定。我国在商代开始有制剑的史料记载，一般呈柳叶或锐三角形，初为铜制。

的做，还满腔热忱地来规范您，是因为奉诏辅佐您啊！”说完，泣不成声。

孙权见状也感到伤心，把宝剑扔在地下，和张昭相对而泣。但孙权很固执，没有因此采纳张昭的意见，仍旧派张弥和许晏到了辽东。

张昭见孙权不听劝告，非常恼火，回府以后，就称病不理国事。孙权对他这样做很生气，干脆派人用土堵住了他的府门，表示永远不再用他为官。

张昭看孙权把他家门堵了，非常气愤，他也不示弱，索性在院里用土把里面的门也封住了，表示永远不出门为孙权办事。

张弥、许晏按照孙权的意图，来到辽东，公孙渊果真变了卦，把他们俩给杀了。孙权万万没想到真让张昭言中了，他很惭愧，觉得对不住张昭，就派人运走了堵在张昭门口的土，又几次向张昭赔礼道歉，可张昭不理，后来又派人前去，却都吃了闭门羹。

■孙权雕像

怎么办呢？孙权灵机一动，派人放火烧张昭府上的大门。他想，大火一着起来，张昭还不往外跑？到那时，自己不就看见他了吗？

孙权觉得自己主意不错。可是，张昭看见孙权放火烧门，索性坐在屋里不动，等着大火把他烧死。

孙权一看这招不灵，大惊失色，真怕火着起来把张昭烧死。于是，赶紧下令灭火。孙权在门口暗暗责备自己，恨自己办错了事，伤了这位股肱之臣的心。

孙权像

张昭的儿子一看再僵持下去也太不像话了，就连劝带拉，硬逼着父亲去见孙权。孙权一看张昭终于出了门，就诚恳地请他到宫中一叙。

张昭来到宫里，孙权向张昭承认了错误，并表示今后要尊重他的意见，搞好君臣关系。张昭见孙权这样诚心诚意，满肚子的闷气顿时一扫而光，就又竭尽全力地协助孙权治理国家。

孙权眼光开阔，胸怀宽广，有容人雅量，同时知错能改，不失为一代谦谦君子。

阅读链接

孙权在位31年，去世时年70岁，葬于钟山之南的小山上，这座山于是改名为“孙陵岗”，就是现在的梅花山。

孙权墓是我国著名历史古迹，史称“蒋陵”，又名“吴王坟”，在南京市钟山南麓，是南京地区最早的六朝陵墓。孙陵岗还葬有孙权的夫人步氏和后妻潘氏，宣明太子孙登也葬在孙陵附近。如今的孙权墓遗址在明孝陵的梅花岗内，现仅存一小型墓冢，不见碑表。仅存一通石碑，一座石桥，一通注释牌，一座石像。

周处改过终成新人

笃实宽厚美德具有塑造人格的力量，它可以使一个人重新焕发出尚德和务实的精神。孙吴时期周处就是在笃实宽厚美德的感召下浪子回头，改过自新的。周处，幼时丧父，不满20岁时，其体力就超过常人，喜好跑马打猎，随心所欲。由于他放荡不羁，纵情肆欲，为祸乡里，所以人们都十分厌恶他，把他看成是一大祸患。

周处像

有一次，周处家乡阳羡一带连年遭水灾，据说是因为河里有一条蛟龙在那里兴风作浪，致使水患不断。此外，在阳羡南山上又有一只白额猛虎，经常下山为害人和牲畜。

阳羡一带的人们把河里的水患、山上的虎患和人间的周处称作当地的

■ 周处除三害

三大祸患。大家编成一首民间的歌谣：

河里有水患，山上有虎患，
周处在人间，凑成三大患，
三患不消除，百姓咋安然。

不过在这“三害”之中，最使百姓感到头痛的还是周处。有一次，周处在外面走，看见人们都闷闷不乐。他找了一个老年人问：“今年年成挺不错，为什么大伙那样愁眉苦脸呢？”

老人没好气地回答：“三害还没有除掉，怎样高兴得起来！”

周处第一次听到“三害”这个名称，就问：“你指的是什么三害？”

蛟龙 蛟是古代传说中能发水的一种龙，龙则是我国传说中的一种善变化、能兴云雨、利万物的神异动物。虽然它们都有强大的力量，却一正一邪，有本质不同。本文所说的蛟龙，大概是扬子鳄之类的大型水族。由于当时人们对此认识不足，因而将水中的某些巨兽称为蛟龙。

蛟龙雕刻

老人说："南山的白额虎，河里的蛟，加上你，不就是三害吗？"周处吃了一惊。他想，原来乡间百姓都把他当作虎、蛟一般的大害了。他沉吟了一会，说："这样吧，既然大家都为'三害'苦恼，我把它们除掉。"周处虽然立下了发愤改过的决心，但是，他又怕得不到人们的理解和信任，于是去向乡里的尊长请教。

尊长对周处说："乡里的人们把你和南山上的猛虎、河里的蛟龙称为三害，你如果能除去这三害，那就是为大家做了件大好事，到时人们怎么能不信任你呢？"

周处听了尊长的话，觉得很有道理。他想，既然自己被人们深恶痛绝，自己就应当以实际行动为民除害，以取得人们的信任。

过了一天，周处果然带着弓箭，背着利剑，进山找虎去了。周处到了密林深处，只听见一阵虎啸，从远处过来一只白额猛虎。周处闪在一边，躲在大树背面，拈弓搭箭，"嗖"地一下，射中猛虎前额，结果了它的性命。

周处下山告诉村里的人，有几个猎户上山把死虎扛下山来。大家都挺高兴地向周处祝贺，周处说："别忙，还有河里的蛟呢！"

又过了一天，周处换了紧身衣，带了弓箭刀剑跳进水里去找蛟去了。那条蛟隐藏在水深处，发现有人下水，想跳上来咬。周处早就准备好了，在蛟身上猛刺一刀。那蛟受了重伤，就往江的下游逃窜。

周处一见蛟没有死，紧紧在后面钉住，蛟往上浮，他就往水面游；蛟往下沉，他就往水底钻。就这样一会儿沉，一会儿浮，一直追踪到几十里以外。

三天三夜过去了，周处还没有回来。大家议论纷纷，认为这下子周处和蛟一定两败俱伤，都死在河底里了。本来，大家以为周处能杀死猛虎、大蛟，已经不错了；这回“三害”都死，大家喜出望外。

没想到到了第四天，周处竟安然无恙地回家来了。人们大为惊奇。原来，大蛟受伤以后，被周处一路追击，最后流血过多，动弹不得，终于被周处杀死。

周处回到家里，知道他离家3天后，人们以为他死去都挺高兴。这件事使他深刻地认识到，自己平时的行为被人们痛恨到什么程度了。

周处痛下决心，离开家乡到吴郡找老师学习。那时候吴郡有两个很有名望的人，一个叫陆机，一个叫陆云。周处去找他们家，陆机出门去了，只有陆云在家。

白虎浮雕

周处把自己如何杀虎斩蛟的经过及人们欢庆的情况原原本本地告诉了陆云。然后十分痛切地说：“阳羡的三害我已除去了两害，可乡里人还在庆幸我的死去，心里很是难过。”接着又说，“我一心想改正以前的错误，可白白耽误了这么多年，恐怕已经来不及了。”

陆云说：“乡里人憎恨的是你过去的行为。现在你虽然把猛虎、蛟龙这两害除掉了，但人们还希望你把过去的错误也彻底除掉啊！三害全除，这才是皆大欢喜呢！”

陆云见周处有所领悟，但脸上仍有难色，就又热情地鼓励他：“古人重视朝闻夕改，‘知过之谓智，改过之谓勇’，你既然有杀虎斩蛟的勇气，又何愁对自己的错误不能改过自新呢？”

在陆云的鼓励下，周处回到家乡以后，发愤上进，好学不倦，同时，更注重节操，加强道德修养。一年后，他终于赢得了人们的信任。州府也见他是个有志有勇的人物而争着聘用他。后来他还驰骋沙场，成为了英勇善战的将领。

周处勇于正视自己的错误，并能从善如流，真诚改过，终于成为新人的故事被后人传为佳话。

阅读链接

周处著有《默语》30篇及《风土记》，也曾撰集吴国历史。其中《风土记》最为著名，它是记述地方风俗的名著，今人查考端午、七夕、重阳等等习俗，所依据的便是这一部《风土记》。

此书是记述地方风俗的名著，是迄今为止我国较早记述地方习俗和风土民情的著作，比另一部同类性质的地方性岁时节令专著南北朝的《荆楚岁时记》要早好多年。据有关考证，《风土记》也应该是宜兴历史上第一部记录地方风物的书，可惜现今大部分均已散失。

宽人律己

唐宋时期，中华民族笃实宽厚的传统得到进一步继承和发扬，并渗透到社会政治生活和文化生活中，从而深深地影响当时每一个国人，陶冶了人们的气质、性格和精神。

在唐宋时期官员中，唐代的娄师德、李勉，宋代的吕端、欧阳修、王安石，他们的笃实宽厚美德，在当时树立了良好的道德风范。在唐宋时期文坛上，唐代的李白、杜甫、柳宗元、刘禹锡，宋代的陆游、辛弃疾，他们都是笃实宽厚传统美德的优秀继承者，彰显了儒家宽人以德的胸襟和气度。

娄师德的宽厚品德

中华民族笃实宽厚的传统发展至唐代，已经渗透到社会政治生活和文化生活当中，对人们的气质、性格和精神都产生了巨大影响。唐代大臣、名将娄师德，就是一个将笃实宽厚传统美德发扬光大的人。

娄师德，自幼才思敏捷，20岁便以进士及第授江都县尉。677年，为了抵御来自吐蕃的威胁，娄师德毅然从戎，指挥唐军八战八捷，成为唐代抵抗吐

■ 娄师德（630年～699年），字宗仁，郑州人，唐朝大臣、名将。唐高宗、武则天两代大臣。高宗上元初，朝廷召募“猛士”御、抵御吐蕃，娄师德以文臣应募，从军西讨，屡有战功，他前后在边疆总共驻扎了30余年。他为官清廉，虽官至纳言，但生活仍很清贫。他的忍让在历史上是非常出名的。699年8月，娄师德去世，终年70岁。朝廷追赠他为凉州都督，谥曰贞。

蕃入侵的著名将领，深得武则天的赏识。

娄师德方口厚唇，为人宽厚，深沉有度量，即使冒犯他也不计较。一次他与内史李昭德一同入朝，娄师德因身体肥胖而行动缓慢，李昭德好几次停下来等他，他还是赶不上。

李昭德生气发怒，说："你这个只配种地的臭家伙。"

娄师德听了也不发火，笑道："我就是个种过地的人，如果我不是种地的人，还有谁是呢？"

娄师德头像雕塑

娄师德才能非常，得到武则天的赏识，招来很多人的嫉妒，所以他谨慎自律，也要求家人不要张扬，凡事收敛。

娄师德有个弟弟被任命为代州刺史。临上任辞行时，娄师德对弟弟说："我现在得到陛下的赏识，已经有很多人在陛下面前诋毁我了，所以你这次在外做官一定要事事忍让。只要你稍稍有点过分了，人家就会嫉妒我们。"

他的弟弟跪下说："从今以后，即使有人把口水吐到我脸上我也不敢还嘴，把口水擦去就是了。我以此来自勉，绝不让哥哥操心。"

娄师德说："这恰恰是我最担心的。人家拿口水唾你，是人家对你发怒了。如果你把口水擦了，说明

进士及第 进士是科举考试的最高功名。及第指科举考试应试中选。科举殿试时录取分为三甲：一甲三名，赐"进士及第"的称号，第一名称"状元"或"鼎元"，第二名称"榜眼"，第三名称"探花"；二甲若干名，赐"进士出身"的称号；三甲若干名，赐"同进士出身"的称号。

■ 狄仁杰（630年～700年），字怀英，唐代并州太原人，唐代武周时期杰出的政治家。他曾担任国家最高司法职务掌管刑法的大理丞，判决了大量的积压案件，以不畏权贵著称。在他身居宰相之位后，辅国安邦，可谓推动唐朝走向繁荣的重要功臣之一。他以民为忧，后人称之为“唐室砥柱”，是我国历史上以廉洁勤政著称的清官。

你不满。不满而擦掉，人家就更加发怒。所以唾沫不能擦，要让他自己干掉，并以笑来承受，这样才是处世的充盈之道！”

这个“唾面自干”的故事，表明娄师德即使受了侮辱，也善于容忍而不加反抗。这是品德修养达到一定境界的表现。

有一次，娄师德遇到一个无知的街头混混，指名道姓地辱骂他，他就装着没有听到。

有人转告娄师德，娄师德却说：“那是骂别人的。”那人又说：“他明明喊你的名字在骂！”

娄师德说：“天下难道没有同姓同名的人吗？”

这时，又有一个人感到不平，也替娄师德说话。娄师德说：“他们骂我而你向我叙述，就等于再骂我一次。”

娄师德除了上述的优点外，还善于举荐人才。唐代著名政治家狄仁杰当宰相之前，娄师德就曾多次在武则天面前竭力推荐他。

一次，武则天单独召见娄师德，和他谈论政事。谈话中，武则天问娄师德有没有可以担任辅政大政的人才。娄师德听后，未多考虑，极力推荐了狄仁杰。事后，武则天果然采纳了娄师德的意见，将狄仁杰从外地召回京城和娄师德一起同任宰相。

狄仁杰任宰相后并不知道是娄师德举荐的。相反，他认为娄师德不过是个普通武将。时间长了，引起了武则天的注意。

一天，武则天在便殿和狄仁杰闲谈。闲谈中，武则天有意问狄仁杰："娄师德的品德好不好？"

狄仁杰说："他带兵守边时，有过战功，至于他的品德好是不好，我不太清楚。"

武则天接着又问："他能发现和举荐出色的人才吗？"

狄仁杰说："这方面的事情，我还不曾听说过。"

听到这，武则天哈哈大笑，对狄仁杰说："你还不知吧？你能当上宰相，正是由于他的举荐呀！"接着又说，"依我看，没有比娄师德做得更好的了。"随即令侍从取来文件箱，拿出10多篇娄师德的奏折给狄仁杰看。

狄仁杰一看惊惧得汗透衣衫，连忙向武则天认错。原来这些奏折都是娄师德力荐朝廷重用狄仁杰的。每折都有语皆真，无情不切。

狄仁杰感到十分惭愧，感叹地说："娄公的德行真是像高山一样

狄仁杰墓穴

盛大啊！我没想到竟一直被娄大人默默容忍而不自知，反而一直自以为是。娄公却从来没有半点骄矜的表现，我比娄公差远了！”

狄仁杰和武则天闲谈后，回到家里，立即换成轻衣小帽，径直来到娄府，见到娄师德，一躬到地，当面向他赔礼道歉。

娄师德说：“我认为你刚直不阿，所言不偏，能为国安民，因此我推荐你，必能匡复唐室，当时我没有考虑到自己。”

狄仁杰说：“如果不是太后所言，我哪里知道这些啊！”

娄师德也很高兴，吩咐人备酒，款待狄仁杰。

狄仁杰经此一事，对娄师德的胸怀和德品佩服得五体投地。自此之后，狄仁杰主动接近娄师德，很快两人的关系密切起来，共同辅佐武则天管理国务。

不久，北方的契丹国出兵犯境，攻陷了一些州郡。这时狄仁杰和娄师德一同率兵出征，抵御敌兵。他俩互相配合，分路出击，杀退了敌军，收复了失去的州郡，使边境居民重新过上了安居乐业的生活。

娄师德为人严于律己、宽以待人，为官胸怀广阔、以德治世。其厚德载物，海纳百川的胸襟和气度，表明他具有高尚的品德修养，充分彰显了人格的可贵。

阅读链接

娄师德不徇私情，严守法度。一次，到梁州去考查屯田，知道了他的一个同姓乡邻在那里做屯田官，犯了死罪。夜里，同乡偷偷来见娄师德，请他说情。

娄师德说：“犯了国法，就是我的亲儿子，也不能放过，何况你？你做官却不干净，不知道后果吗？”

第二天，娄师德对都督说：“我听说有一个人犯了国法，说是我的同乡。我小时同他父亲一起放过牛。请都督不要因此而失法度。”后来，娄师德给那个同乡拿了一盘饼，让他做个饱死鬼。

李杜友情千古传佳话

唐代文人普遍尚儒，对笃实宽厚传统美德有深刻的理解，在人际交往上也往往不同常人。唐代最著名的诗人李白和杜甫做到了儒家所强调的“将心比心”，“以心换心”，因而他们之间的友情，在我国文学史上成为了久久为人传诵的佳话。

李白画像

李白，唐代浪漫主义诗人，被后人誉为“诗仙”。他的诗歌总体风格清新俊逸，既反映了时代的繁荣景象，也揭露了统治阶级的荒淫和腐败，表现出蔑视权贵，反抗传统束缚，追求自由和理想的积极精神。

杜甫，唐代现实主义诗人。杜甫忧国忧民，人格高尚，他被世人尊为“诗圣”，他的诗被称为“诗史”。

744年春夏之交，李白与杜甫在

瑶草 是传说中的仙草，服用后会长生不老，能医治百病，是一种神奇的植物。灵芝就是古代传说中的一种瑶草。灵芝又称“灵芝草”、“仙草”、“瑞草”，是多孔菌科植物赤芝或紫芝的全株。按《本草纲目》记载：灵芝益心气，补中，增智慧，久服轻身不老，延年。

洛阳初次相遇，当时李白44岁，杜甫33岁；李白已经名满天下，杜甫还默默无闻。他们虽然有年龄上的差异和诗坛地位的高低，但一点也没有影响两人之间成为知音。

初次见面，杜甫就被李白的风采吸引住了。李白对杜甫的青年有为也很欣赏。当时，他们俩都对现实不满，因此一见如故。两人的志趣相同，时常在一起吟诗作赋，自得其乐，度过了一段彼此难忘的日子。

那时候，社会上有一种求仙访道的风气。李白与杜甫相约结伴而行去寻找瑶草。两人渡过波涛汹涌的黄河，尽管路途艰险，但他们互助互爱，常常吟诗作句，以苦为乐。

他们一起赴王屋山寻访道士华盖君，欲学长生之道。可是华盖君已经去世了，他们凄凉地望着寥廓的四野，尽管彼此心中有不尽怅然与失望，但他们都互相劝慰对方，最后不得不按原路回去。

■ 杜甫与李白蜡像

这年秋天，李白和杜甫与另一诗人高适遇在一起了。这三个朋友经常在洛阳城里的酒楼饮酒赋诗，各叙心中的愤懑，也谈论着当时的国事，讽刺唐玄宗李隆基的醉心声色。渐渐地，杜甫和李白更加了解对方，他们之间的关系更加密切了。

杜甫画像

在这段时间里，两人时常喝酒论文，李白的诗歌造诣对杜甫的诗歌创作产生一定的影响。如杜甫《登兖州城楼》诗中，“浮去连海岱，平野入青徐”与李白诗句“秋波落泗水，海色明徂徕”、“青山横北郭，白水绕东城”句式相似，视野比以前更开阔了。两个同样喜爱诗歌创作的人在一起谈诗论文，肯定会互相切磋。

第二年秋天，杜甫和李白又在兖州相遇。他们白天携手同行，寄情于山水之乐。晚上，常常一边饮酒，一边仔细讨论文学上的问题，有时喝得大醉，同床酣睡。

他们两人共同度过一段美好的日子，彼此都从对方身上学到了许多宝贵的东西，诗歌创作上也有了很大的进步。

在兖州相遇不久，李白和杜甫又分别了，怀着恋恋不舍的心情踏上人生的新路。多情的杜甫在这以后一直处于对李白的思念之中，不管流落何地，都写出

兖州 古九州之一，即今山东省兖州市。“兖州”一词的出现始于春秋时期以后。春秋战国时期，百家争鸣，著书立说，把禹时的九州冠以称谓，兖州即其一。古九州的“州”是指水中可居之地。“兖”古称“沇”，《史记·夏本纪》“兖州”称“沇州”。

了刻骨铭心的诗句。李白也在思念，但他步履放达、交游广泛，杜甫的名字很少再在他的诗中出现。

其实，天下的至情并不以平衡为条件。即使李白不再思念，杜甫也做出了单方面的美好承诺。李白对他无所求，他对李白也无所求。

杜甫赠李白及怀念李白的诗，是写得最为动人的，几乎每一篇均堪称名作。“醉眠秋共被，携手日同行”，这是杜甫写两人在一起时亲如兄弟的情形；“剧谈怜野逸，嗜酒见天真”，这是杜甫写李白喝酒时可爱的样子。

杜甫诗中描绘李白的地方更多，在后人心目中李白的形象如此鲜活，一个最直接的来源就是杜甫的诗歌。如《寄李十二白二十韵》中有“笔落惊风雨，诗成泣鬼神”，这是称赞李白的诗气势磅礴，富于感染力。再如《饮中八仙歌》写道：

李白一斗诗百篇，长安市上酒家眠，
天子呼来不上船，自称臣是酒中仙。

李白雕塑

杜甫雕塑

杜甫在诗中非常生动地呈现了李白那种天才气的高傲而放诞的性格。

真诚的友谊建立在“知音”的基础上，它不会因为友人遭遇世人的鄙弃而改变。在“安史之乱”中，唐肃宗李亨与他弟弟、永王李璘因权力之争而兵戎相见，李白参与了李璘的军事行动，在李璘失败后成为阶下囚，继而流放夜郎。

在一般人看来，李白此时是一名罪犯，倒霉全是自找的。但杜甫仍然对李白保持着信任，并且充满同情。他在《天末怀李白》诗中写道：

凉风起天末，君子意如何？
鸿雁几时到？江湖秋水多！
文章憎命达，魑魅喜人过。
应共冤魂语，投诗赠汨罗。

安史之乱 是唐代所发生的一场政治叛乱，也是唐王朝由盛而衰的转折点，此后唐代进入藩镇割据的局面。由于发起叛乱者以安禄山与史思明为主，故称“安史之乱”。又因其爆发于唐玄宗天宝年间，也称“天宝之乱”。它对后世政治、经济、文化、对外关系的发展等均产生极为深远而巨大的影响。

这里“文章憎命达”，意思说有才华的人总是命运多舛；“魑魅喜人过”意思说心思恶毒的小人总是喜欢利用别人的过失加以陷害，对李白的遭遇有十分清醒的理解。

李白和杜甫个性不同，艺术风格也有明显的差异。李白狂放不羁，富于幻想，如偶尔飘零于尘世的仙人。杜甫相比于李白则显得淳厚谨重，心思完全在现实生活中。而令人感到格外可贵的是，这完全不妨碍他们彼此理解，相互器重。

李白被称为“诗仙”，杜甫被称为“诗圣”。仙出世，李白一生都在作浪漫的想象飞行；圣入世，杜甫一生都在现实的荆棘与泥水中行走跋涉。

两人都以他们超凡的诗才和博大的襟怀，撑起唐代诗坛一片“高不可及”的瑰丽天空；都以其高贵的人格和真挚的友情，谱出文学史上一段知音的千古佳话。

阅读链接

据说李白有一次上宰相府，自报家门，说自己是“海上钓鳌客李白。”

宰相笑问：“先生临沧海钓巨鳌，以何物为钩线？”

李白说：“以明月为钩，虹霓为线。”

宰相又问：“用什么做钓饵呢？”

李白高声道：“就用天下最无义气的士大夫作钓饵。”

宰相听后，如闻仙人长啸，不禁毛骨悚然。

宋代大文豪苏东坡评价说“戏万乘若僚友，视俦列如草芥”，这一番气壮山河、威慑群小的钓鱼高论，把李白的侠肝义胆、高情逸致表达得淋漓尽致。

李勉待友肝胆相照

如果说李白和杜甫之间是以相同的际遇和诗情结为挚友，那么李勉则为朋友尽心竭力，可谓肝胆相照。同样休现出笃实宽厚美德中的交友之道。

唐代宗室，曾祖李元懿为唐高祖李渊第十三子，当过开封尉、刺史、节度观察使，最后还当过两年宰相。他一生中最喜好的就是与有才干、有知识的人结交。他甘为朋友两肋插刀的故事留传至今。

李勉画像

那还是在李勉年轻的时候，当时由于家境贫穷，他在客居梁、宋等地读书时，曾和一名太学生同住一个旅舍。两人的关系很好，平日里常常一起谈诗作赋。

有一天，这位太学生突然生

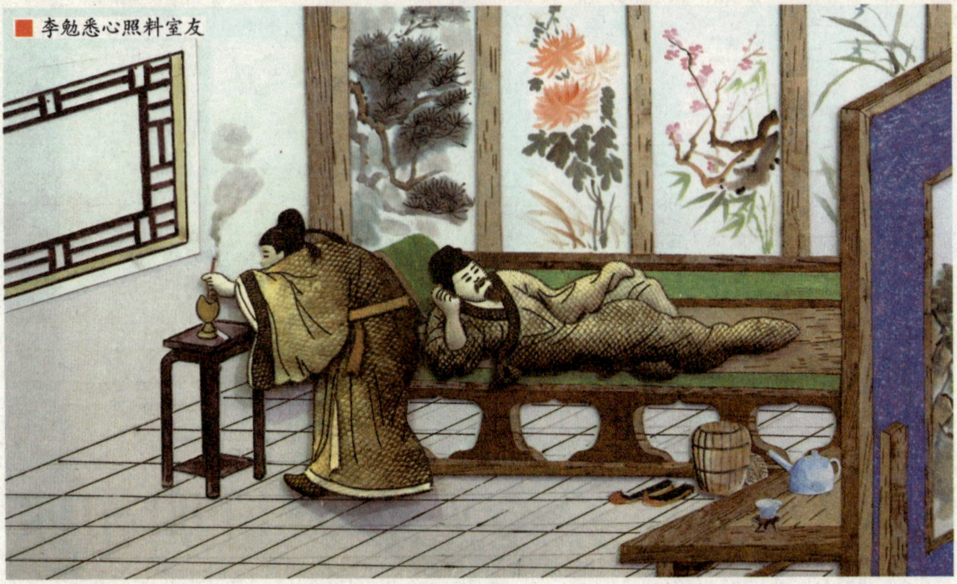
■李勉悉心照料室友

病，卧床不起。李勉连忙为他请来郎中，并且按照郎中的吩咐帮他煎药，照看着他按时服药。一连好多天，李勉细心照顾着病人的起居饮食等日常生活。

可是，这位太学生的病不但没有好转，反而一天天地恶化下去了。看着日渐虚弱的朋友，李勉非常着急，经常到附近的百姓家里寻找民间药方，并且常常一个人跑到山上去挖药店里买不到的草药。

一天傍晚，李勉挖药回来，先到朋友的房间，看见朋友气色似乎好了一些。他心中一阵欢喜，关切地凑到床前问："哥哥，感觉可好一些？"

太学生说："我想，我剩下的时间不多了，这可能是回光返照，临终前兄弟还有一事相求。"

李勉连忙安慰道："哥哥别胡思乱想，今天你的气色不是好多了么？只要静心休养，不久就会好的。哥哥不必客气，有事请讲。"

太学生说："把我床下的小木箱拿出来，帮我打开。"

李勉按照他的吩咐，从床下拿出了小木箱打开。

太学生指着里小木箱的一个包袱说："这些日子，多亏你无微不至的照顾。这是100两银子，本是赶考用的盘缠，现在用不着了。我死后，麻烦你用部分银子替我筹办棺木，将我安葬，其余的都奉送给你，算我的一点心意，请千万要收下，不然的话，兄弟我到九泉之下也不会安宁的。”

李勉为了使朋友安心，只好答应收下银子。

第二天清晨，太学生真的去世了。李勉忍着失友的悲痛，遵嘱给亡友举哀，买了棺木、衣衾等物，把他好好安葬了。剩下了许多银子，李勉一点也没有动用，而是仔细包好，悄悄地随亡友一起入土。

不久，太学生的遗属来找李勉，李勉便和他们一起去给亡友迁葬。遗属发现了陪葬的银子，都很吃惊。李勉就把过程的来龙去脉说给朋友的遗属，遗属了解到银子的来历后，都被李勉不为钱财而重情义的高尚品行所感动。

后来，李勉当了大官，结交了一位勤肯能干的密县县尉王晬，掌治安捕盗之事。由于王晬在工作中犯了错误，皇帝下诏要予以重处。

李勉认为自己的朋友王晬没有错处，便暗暗寻查此事，了解到王晬是被人陷害。李勉便上奏皇帝请求赦免王晬，结果王晬被赦免，而他自己却被指控执行圣旨不力，被召回京师。

九泉之下 指地底最深处。古代劳动者从打井的经验中获知：当掘到地下深处时就会有泉源。地下水从黄土里渗出来，常常带有黄色，所以古人就把很深的地下叫作“黄泉”。古时有种迷信，认为人死后要到阴曹地府去，阴曹地府在很深的地下，于是就把“九”字和“泉”字相搭配，成为“九泉”。

■ 李勉像

不久，王晬特来向李勉道谢，跪下就要给李勉磕头。李勉忙扶起王晬说：“何必如此，大家都是朋友，当为知己者死，我做的这又算得什么。”

后来，他们的关系就更密切了。王晬也不辜负李勉对自己的厚望。他上任龙门县令后，为官清正，声誉很好。

李勉在任节度使时，听说李巡、张参两人很有才学，便请他们进幕府任判官。李巡和张参都是名士，李逸待他们始终十分有礼，三人都互相以朋友相称，关系和睦。每有宴饮，李勉都请李巡、张参两人参加。

不久，李巡和张参先后去世，李勉仍然很怀念他们，宴请客人时总给他们空着座位，摆着酒杯和筷子，就像他们俩活着一样。

即使在很欢乐的宴会上，李勉看到空座，也不免神色凄恻，回想起往日和两人的深挚友谊和学问切磋，想起两人对自己的帮助，心中便充满了伤感和怀念的感情。

李勉对朋友的态度为众人所知，许多人都以是李勉的朋友而自豪。俗话说：近朱者赤，近墨者黑。李勉以自己的风格和性格来影响别人，同样从朋友那里也得到了许多珍贵的东西。

阅读链接

李勉在官场为政简肃，曾经智斗污吏鱼朝恩。宦官鱼朝恩为观军容使，知国子监事，每到国子监视学，京兆府中上下预备数百人的酒食，鱼朝恩还是不甚满意。

李勉任京兆尹兼御史大夫时，鱼朝恩来到了国子监视学。京兆府吏提前请备饭，李勉说：“军容使到国子视学，我如果前往太学迎候，军容使应该准备优厚的主人礼。我辱为京兆尹，军容使如果惠顾我京兆府廷，我岂敢不准备饭菜呢？”

结果，鱼朝恩碰了个软钉子，从此再也不到太学骚扰了。

柳刘成为生死之交

“柳刘”，是指柳宗元和刘禹锡。在群星丽天的中唐文坛，柳宗元和刘禹锡是交相辉映的双子星座。他们一样的才情，共同的理想，相似的运遇，让两人终其一生以道相勉，以情相慰，以心相许，成为生死之交

柳宗元彩像

793年，20岁的柳宗元和21岁的刘禹锡同登进士第，人生轨迹有了第一次交汇。

出身于河东望族的柳宗元博古通今，精明敏捷，贞元初期即以童子而有奇名。长于江南的刘禹锡也饱读诗书，出入经史，器宇轩昂，广有才名。

柳宗元和刘禹锡这两个当时最年少的才子，在一起走马

柳宗元肖像

长安，题名雁塔，宴饮曲江的春风得意的日子里，惺惺相惜，结同年之谊。在此后的10年间，柳刘两人虽聚少离多，但经历惊人地相似：都承受了丧父之痛，都以博学宏辞在朝中做过校刊典籍的官员，也都曾在京畿附近任过县职。

803年，柳宗元从蓝田尉、刘禹锡从渭南主簿任上同时调回朝中，任职监察御史台，成为朝朝相处的僚友。

在雅重诗文的政坛，柳刘两人无疑是最为出色的青年才俊。文名为他们赢得了时誉，也成为他们进身的阶梯。朝廷要人争相揽之于门下，同辈之人也趋之若鹜。

“致君尧舜上，再使风俗淳”，这是千百年来士人的普遍理想，柳刘年轻的心渴望着建功立业，匡扶时弊。而当时的唐王朝在经历了“安史之乱”后，已是风雨飘摇，百病丛生。

永贞新政 805年，翰林学士王叔文与同为学士的王伾，一起联结刘禹锡、柳宗元等有识之士，进行一系列政治改革。这场改革实际上即以翰林学士王叔文为代表的文人集团与当时握有军政大权的宦官集团的一场政治斗争。表现出这一时期文人集团极不寻常的政治抱负。

唐德宗李适去世以后，王叔文、王伾等人拥立唐顺宗李诵，并在其的支持下针对积弊大刀阔斧地革新朝政，史称“永贞新政”。新政使得百姓相聚，欢呼大喜。

由于王叔文的力荐，刘禹锡和柳宗元分别从八品御史擢任正六品的屯田员外郎和礼部员外郎。他们出入禁中，参与机要，联络内外，引导舆论，成为改革集团的核心人物，史称“二王、刘、柳”。

当此之时，柳宗元和刘禹锡激情澎湃，踌躇满志，以为天将降大任于斯人也。而对于政治形势的严峻和政治斗争的风险却缺乏认识，或者竟不以为意。

果然，风云突变。就在唐宪宗李纯即位的第三天，一批才高名重的革新派人士被斥出朝，贬为远州司马，史称“二王、八司马”，其中刘禹锡贬朗州，柳宗元贬永州。这一别就是11年。在这些凄风苦雨的日子里，刘禹锡贬和柳宗元书信往还，相互安慰，以自己的心温暖着朋友的心。

时过境迁，气候稍暖，在一些同情他们的大臣的努力下，朝廷发出了召回刘柳等仍然贬谪在外的五司马的诏令。江湘逐客终于等来了北归的春讯。

柳宗元和刘禹锡又见长安，又见故人。抚今思夕，不禁感慨万千。而最令人叹息的是，去时红颜少年，归来鬓已星星。回想逝去的时光，不禁生出一种

员外郎 古代官职，原指设于正额以外的郎官。在唐贞观时期之前，吏部考功员外郎是科举考试的主考官。在唐开元年间后，因当时的皇帝李隆基觉得此官职过低，而改由礼部侍郎主持科举考试，并一直延续下来。在清代，此官职配置于朝廷或地方之辅助部门。

柳宗元祠

刺史 职官，汉武帝年间始置，“刺”为检核问事之意。刺史巡行郡县，分全国为十三部，各置部刺史一人，后通称刺史。刺史对维护皇权，澄清吏治，促使昭宣中兴局面的形成起着积极的作用。王莽称帝时期刺史改称州牧，职权进一步扩大，由监察官变为地方军事行政长官。

只争朝夕的紧迫感。

这次归来，他们有云开雾散的感觉，对建功立业也有着许多希冀。心情的愉悦激起了他们的游兴。在倾城看花的日子里，刘禹锡和柳宗元也来到了玄都观。

看到一院桃花，想起春风得意的衮衮诸公，刘禹锡触景生情，写下了那首著名的《元和十年，自朗州承召至京，戏赠看花诸君子》：

紫陌红尘拂面来，无人不道看花回。
玄都观里桃千树，尽是刘郎去后栽。

柳宗元画像

虽然以桃花花品不高而轻蔑之，是刘禹锡一贯的审美取向，但诗中表现的戏谑、嘲讽之意，也是十分明显的。

事态的发展完全出乎他们意料。只在长安待了一个月，同被召回的五司马又一例出为刺史，这一去更加遥远。柳宗元是柳州，刘禹锡去的则是最为蛮荒险恶的播州，也就是今天的遵义。

惊闻此事，柳宗元悲从中来，泣下如雨，不是为自己，而是为朋友。他深知，跋山涉水，一路颠簸地前往播州，刘禹锡风烛残年的母亲断然是有去无回。而撇下老母无人奉养，刘禹锡也一样难逃不孝的恶名。

柳宗元悲愤于这种积毁销骨的迫害，不忍见朋友穷愁无措，断然决定上疏，请求自往播州，换刘禹锡去柳州，即使因此获罪也在所不惜。多亏重臣裴度从中周旋，柳宗元去了柳州。

挚友相携出了长安，一路南行，来到衡阳。分手在即，经历了几个月来的大喜大悲，重又置身荒烟故道，柳宗元潸然泪下，赋诗《衡阳与梦得分路赠别》，为自己，也为朋友叹息。

刘禹锡塑像

十年憔悴到秦京，谁料翻为岭外行。
伏波故道风烟在，翁仲遗墟草树平。
直以慵疏招物议，休将文字占时名。
今朝不用临河别，垂泪千行便濯缨。

本是少年得志，却偏偏仕途偃蹇，功业无成。看大雁北飞，感归程无望。听哀猿悲鸣，觉愁肠寸断。面对同样伤恸的友人，刘禹锡以《再授连州至衡阳酬柳柳州赠别》诗作深情作答：“去国十年同赴召，渡湘千里又分歧。重临事异黄丞相，三黜名惭柳士师。归目并随回雁尽，愁肠正遇断猿时。桂江东过连山下，相望长吟有所思。”

翁仲 原本指的是匈奴的祭天神像，大约在秦汉时期就被汉人引入关内，当作宫殿的装饰物。初为铜制，号称“金人”、“铜人”、“金狄”、“长狄”、“遐狄”，但后来却专指陵墓前面及神道两侧的文武官员石像，成为2000年来上层社会墓葬及祭祀活动重要的代表物件。

刘禹锡墓

友人情深义重的答诗，让柳宗元心潮起伏。他们今日一别，山高水远，前路茫茫，相见何时！如能归隐田园，比邻而居，那将是一种什么样的幸福啊！

柳宗元依依不舍，一气写下了《重别梦得》和《三赠刘员外》：

二十年来万事同，今朝岐路忽西东。
皇恩若许归田去，晚岁当为邻舍翁。

信书成自误，经事渐知非。
今日临岐别，何年待汝归。

朋友的每一句话都像是从自己心底涌出，刘禹锡百感交集，遂有《重答柳柳州》,《三答柳柳州》作答：

弱冠同怀长者忧，临岐回想尽悠悠。
耦耕若便遗身老，黄发相看万事休。

年方伯玉早，恨比四愁多。

会待修车骑，相随出罽罗。

柳宗元以安邦之才出刺荒州，尽职尽责，颇有惠政。闲暇时，两人依旧相互关怀，诗文唱和。柳宗元留下的100多首诗中，题赠刘禹锡的就有10多首。

他们出为刺史的第四年，刘禹锡痛失慈母。柳宗元3次派人往连州致祭，致书殷殷相劝，并约定待刘禹锡扶柩归乡至衡阳时亲往吊唁。但就在这时，刘禹锡随后又接到了从柳州来递送讣告的信使。

刘禹锡展读友人辞情哀苦的遗书，痛不欲生。柳宗元书中托以抚孤之事。因此，就在旅途中，刘禹锡含悲忍痛，安排柳宗元的后事。他驰书韩愈，托其为共同的朋友撰写墓志铭，接着又向死者生前好友分送讣告。

墓志铭 是一种悼念性的文体，一般由志和铭两部分组成。志多用散文撰写，叙述逝者的姓名、籍贯、生平事略；铭则用韵文概括全篇，主要是对逝者一生的评价。但也有只有志或只有铭的。可以是自己生前写的，也可以是别人写的。

■ 柳宗元祠堂

柳宗元雕像

刘禹锡一回到洛阳，立即去柳州吊唁，并写下《祭柳员外文》。

8个月后，柳宗元归葬万年先人墓侧，刘禹锡携亡友遗孤前去祭奠，又写下《重祭柳员外文》。从此，他不负重托，视友人子如同己子，抚养成人，并呕心沥血编辑柳宗元诗文集，传之于世。

此后的20多年，刘禹锡辗转四川、安徽任刺史。虽然最终又回到朝中，出任翰林学士、太子宾客、检校礼部尚书等显职，但他早已是意兴阑珊。对友人的怀念，并未随时光的流逝烟消云散。

柳宗元和刘禹锡之间友、情，体现了儒家“五伦”中所说的友谊，有如夜空中的明月，有如黑暗中的烛光，一直照亮着古代文坛与政坛的一片天空。

阅读链接

柳宗元被贬官来到柳州任刺史，为柳州黎民百姓办了很多好事，如重修孔庙、兴办学堂书院、破除巫神迷信、开凿饮用水井、释放抵债奴婢、植树造林等，促进了柳州地方文明的发展，在历史上产生了深远的影响。

作为柳州历史上名垂青史的好官，柳宗元就像一根风中的残烛，燃烧自己，照亮荒芜。他付出的精力和作出的贡献，是令人怀念，不能遗忘的。柳州的百姓非常怀念他，给他立祠，千百年来一直祭祀他。有关他的传说广为流传。

吕端宰相肚里能撑船

中华民族笃实宽厚的传统发展至宋代，依然在人格的培养上发挥着巨大作用。北宋时期著名官员吕端，为人宽厚忠恕，颇有气量，被世人誉为“宰相肚里能撑船”；处事坚持原则，被宋太宗赵光义赞为“大事不糊涂”。堪称这一时期的典型。

宋朝吕端画像

吕端，是一个很有气量的人。他在相位的时候，曾经遭到奸臣陷害，被削官还乡为民。他得旨后二话没说，便和书童背上行囊，挑上书籍，离开京城上路向家乡走去了。

吕端在路上行走数日，回到自家门口时，见家中正在设宴摆席大办喜事，原来是为老

弟结婚设宴，有不少当地官吏和豪绅赴宴。这些人见吕相爷回来了，又是大礼参拜，又是再上厚礼，只弄得吕端哭笑不得。

吕端见此情景，只好当众言明真相："我吕端现在已被革职还乡为民了！"

谁曾想到，吕端的实言出口，竟使得那些势利眼的官吏和豪绅们个个脸色突变，有的目瞪口呆，有的斜眼相视，有的甚至拿起所送礼品离坐而走了。

正在这个时候，村外传来了马蹄声声，鞭声脆震长空。原来是皇上派御史来给吕端下旨的。御史骑马直至吕端家门口，下马便大声喊道："吕端接旨！"

吕端急率全家跪在地上静听，大家的心蹦蹦地跳着，有各种各样的猜想。唯有吕端本人心中有数，猜出十之八九。

只听御史宣旨道："吕端回朝复任宰相，钦此！"

刚刚散去的那些豪绅，闻听吕端又官复原职了，个个面红耳赤，张目结舌，心中着实难堪。只好重新相聚，拉下脸皮，回到吕府重新送礼贺喜，支吾其词，听不清说了何等言语。

吕端对于这些势利眼们的行为，表面上无动于衷，可心中暗自发笑。在这些官吏当中，有本县的七品知县。他坐着轿子走后复返，忙跪在吕端面前，一边像捣蒜锤似的给吕端叩头，一边自己打自己的嘴巴：“相父，我不是人，大人不怪小人过。”

吕端的书童很是生气，上前揪住那知县说：“大胆狗官，竟敢戏弄我家相爷，摘去你的乌纱帽！”

书童此举，吓坏了那个知县，他双手紧捂头上的乌纱帽。吕端这时上前拉住书童道：“不要这样！”

书童很生气地说：“相爷，像他这样的势利眼，不能饶恕！”

吕端对书童说：“此言差矣！他知道自己做错了事，我们就应高兴，不必惩罚他了。我们何必强迫别人做他自己不想做的事情呢？”

吕端的话，感动得那位知县非常的内疚，忙说

御史 史，是古代一种官名。先秦时期，天子、诸侯、大夫、邑宰皆置，是负责记录的史官、秘书官。唐代有侍御史、殿中侍御史、监察御史。宋代与唐代同。国君置御史，自秦代开始，御史专门为监察性质的官职，一直延续至清代。

■ 宋朝官员出巡队伍

枢密使 唐代后期始置，以宦官充任，五代时期改由士人充任，后又逐渐被武臣所掌握，办事机构也日益完善，枢密使把军政大权握于一己之手以便宜从事，职掌范围扩大到了极限。宋代枢密使制又发生了变化，其任职者由五代时期的武将逐渐转为以文官担任，职权范围逐步缩小。

到："相爷呀！相爷，你可真是宰相肚里能撑船哪！来，相爷，兄弟的喜事咱们重新操办，我给新娘抬轿子去。"

吕端闻听此言，心想，我倒看看知县做何游戏。谁知那知县真的让新娘坐上花轿，亲自和三班衙役们抬着轿子，吹吹打打地沿村转了一圈，弄得吕端只是大笑，笑这些势利眼们的所作所为。

从此以后，"宰相肚里能撑船"这句话就传开了，一直传至今天。

吕端"大事不糊涂"，是宋太宗多年体察吕端后对其处事为人的一种无可辩驳的评价，而且也确实反映了吕端的人品和才干的真实情况。

宋太宗赵炅画像

有一年，朝中大臣李惟清被宋太宗从掌管全国军事的枢密使位子上换下来，去当负责监察百官的御史中丞，虽然是平调，但实际权力发生了变化，他认为是吕端在中间使坏，于是就趁吕端有病在家休息，没有上朝的机会告了吕端一个恶状。

事情传到吕端耳中后，吕端不以为然，既没有去对皇帝表白，也没有去找李惟清算账，而是淡淡地说："我这一辈子行得正、坐得直，没有做什么对不起人的事，又怎么会怕什么风言风语呢？"

对吕端这种不与人计较的坦然

心态，当时的很多人认为他“糊涂”。

在吕端刚刚担任参知政事的时候，一个小官由于平时听多了吕端“糊涂”的传闻，对他很不服气。有一次吕端从文武百官前面经过，这个小官以很不屑的口吻说：“这个人竟也当了副宰相了？”

宋太宗画像

吕端的随行人员觉得很不公平，要问那个人的姓名，看看是干什么的。

吕端制止说：“不要问，你问了他就得说，他说了我也就知道了，而我一知道，对这种公然侮辱我的人便会终生不能忘。着意地去报复对我来说是肯定不会的，但以后如果有什么事涉及他，撞到我手里，想做到公正对待也一定很难。所以，还是不知道的好。”

御史中丞 秦始始置。汉代为御史大夫的次官，或称“御史中执法”。后历代相沿，官名时有变动。中丞实为御史台长官。隋代置御史大夫，不置御史中丞，这是因为避讳的缘故。在唐代、五代时期、宋代均大夫与中丞并置，仍以中丞为长官。

吕端这种“君子不念恶”的举动，反映他自我修养的高尚境界。但在世人眼中，自然又被看成了“糊涂”。就在众人都认为吕端是个糊涂人时，宋太宗却认为这都是一些小事，吕端只不过是小事上糊涂罢了，遇有“大事不糊涂”。

那还是宋太宗在世的时候，宋太宗的身体有病，就安排了后事，立赵恒为太子，以备将来由他继位，执掌宋朝天下，并且让吕端负责太子的学习和生活起

宋真宗朝老图

居等项事宜。

宋太宗病情严重的时候，又下诏说："朝中大事要先交给吕端处理，然后再上报给我。"这一道谕旨，无疑是宋太宗对吕端的更大信任和重用。而吕端也确实没有辜负皇上的重托。

在当时，朝中有一些内侍和大臣，对皇上去世后由谁来继位发生分歧，甚至演变成一场宫廷斗争。

朝中有个内侍叫王继恩，怕太子继位后对他不利，就起了歹心。他联络参知政事李昌龄，殿前都指挥使李继勋、知制诰胡旦等人，谋另立太子，以便让他们认为合适的人继承王位。

宋太宗去世后，皇后命王继恩召见吕端。吕端已经觉察到了可能有什么变故，就叫手下把王继恩锁在自己府中，派人加以看管，不许他出入，然后自己急奔朝廷。

吕端到朝廷后，皇后对他说："现在皇上不在世了，按说立太子就是为了让他继承王位，这也是合乎情理，顺理成章的事情，看看现在应该怎么办才好呢？"

吕端听罢皇后的话，就毫不犹豫地说："先帝立太子就是为了今天，现在先帝走了，我们怎么做违背先帝之命的事情呢，对于事关国家前途命运的大事，不能有什么异议。”

皇后听了吕端的话，就让太子赵恒继承了皇位，这就是宋真宗。

宋真宗第一次登殿时，垂帘接见朝臣。当吕端率众臣前来殿中晋见时，众臣宁可站在殿下也不拜。

这时，皇后问吕端：“众臣因何不拜？”

吕端说：“请把帘子卷起来，让太子坐在正位上，让我们看清楚了再拜。”

皇后就让宋真宗照吕端所说，卷了帘子，坐到正位上去了。吕端看清楚了皇位坐的确实是太子无误后，才率群臣跪拜，并且山呼万岁。接着，宋真宗对阴谋另立太子的那几个奸佞，一一做了处置。宋真宗的地位更加稳固了。

吕端果然是大事不糊涂，在太子继位、新皇帝坐正位等问题上，时刻保持着清醒的头脑。由此，他也赢得了宋真宗的极大信赖，经常采纳他的意见或建议。

吕端一生经历了北宋时期的三代帝王，在40年的宦海生涯中几乎没有受到什么冲击，最后得以善终，这与他“宰相肚里能撑船”的胸襟是分不开的。更重要的是，他在大局、大节问题上毫不糊涂，从来都是心明眼亮。

阅读链接

吕端在相位上也就是几年的时间，他就主动奏请圣上将相位让给了寇准，由寇准接任宰相，吕端自己又做了参知政事，而这是一个有相职无相权的谋事官职。后来，寇准也做了参知政事，按理说吕端在前，寇准在后，其名次排列是没有什么争议的。可是吕端偏偏奏明圣上要求把自己列在寇准之后，并得到了恩准。

吕端不计名利地位，遇事顾全大局，处事以清廉简洁为原则，在当时传为佳话。

欧阳修王安石的友谊

欧阳修和王安石都是北宋时期名臣，著名的政治家，而且都属于“唐宋八大家”。共同的政治改革理想和文学追求，使他们结下深厚友谊，成为了继承笃实宽厚优良传统的又一个典型。

欧阳修画像

欧阳修，在北宋时期灿若群星的文学家中年龄较大，出道较早，成就最高，是公认的北宋时期文坛领袖。

王安石，从小喜好读书，天赋极高，记忆力超强，有过目不忘之才。他博览群书，勤于思考，年方弱冠即以天下为己任，立志做一番大事业。

王安石考中进士以后，在扬州任职，此时欧阳修已名满天

■ 欧阳修书法《灼艾帖》

下，在京城开封任龙图阁学士。

一天，王安石的好朋友曾巩带着他的几篇文稿向欧阳修推荐，欧阳修读后大为赞叹。

尽管王安石和欧阳修的地位相差非常悬殊，但欧阳修对这位青年的文稿还是非常赏识。他把王安石的文稿收在专门编录佳作的《文林》里向社会推荐。又告诉曾巩多关照王安石，要他的思路再开放一些，不要生造词语，力戒模仿。

1057年，素以为国举才荐贤为己任的欧阳修以翰林学士资格主持了礼部贡举，负责向国家推荐人才。由于他大力提倡平实朴素之风，反对“西昆派”的“太学体”，因此选拔培养了一大批古文后起之秀，这就是王安石、苏轼、苏辙、苏洵、曾巩等人。

欧阳修认为，在这些人当中，王安石的学问，知名当世，守道不苟，自重其身，议论通明，兼有时才

唐宋八大家 是唐宋时期八大散文作家的合称，即唐代的韩愈、柳宗元，宋代的苏洵、苏轼、苏辙、欧阳修、王安石、曾巩。唐宋文坛以他们的文学成就最高，流传最广，故称“唐宋八大家”。他们掀起的古文运动，使得唐宋的散文发展到极盛，影响深远。

倒屣相迎 急急忙忙地倒穿鞋子出来迎接宾客。典出东汉献帝时，左中郎将蔡邕迫不及待地出迎被誉为“神童”的王粲时，竟然把鞋子穿倒了，非常客气地把王粲迎请进来。后世以此比喻热情迎接宾客，也说明对待朋友的热情和一片诚意。

之用，因而举荐他与吕晦叔、司马光三人为相辅接班人。这时王安石也向宋仁宗上万言书，建议在政治上改易变革，表现了他对宋代政治改革的伟大抱负。

1069年，王安石为参知政事。从这时起，这两位朋友才得见面。王安石登门拜访时，欧阳修没有责怪这位青年才俊姗姗来迟，反而倒屣相迎，此后两人诗文赠答，书信不绝。

欧阳修在高兴之余，写了首七律《赠介甫》：

翰林风月三千首，吏部文章二百年。
老去自怜心尚在，后来谁与子争先。
朱门歌舞争新态，绿绮尘埃试拂弦。
常恨闻名不相识，相逢樽酒盍留连。

在诗中，欧阳修将王安石比作唐代李白、韩愈，

欧阳修

充分肯定了王安石的才华。同时，说自己虽雄心尚在，但年纪已大，力不从心了，希望王安石刻苦努力，写出超过前人的文章来。

王安石画像

欧阳修作为翰林学士，以一代文宗之尊，竟对当时一名默默无闻的晚辈后生以李白、韩愈期许，实在是难能可贵的。

随后，王安石也写了首《奉酬永叔见赠》的七律诗回赠。诗写道：

欲传道义心犹在，强学文章力已穷。
他日若能窥孟子，终身何敢望韩公。
抠衣最出诸生后，倒屣尝倾广座中。
只恐虚名因此得，嘉篇为贶岂宜蒙。

在诗中，工安石表达了自己的志向，同时也表现了对恩师欧阳修的钦佩与景仰，从中也能看出王安石谦虚谨慎的风度。

从1070年起，王安石两度任同中书门下平章事，位同宰相。对于王安石担任国家要职，欧阳修曾经撰文表示祝贺。

当时的北宋朝廷因用度大奢，赏赐不节，宗室繁多，官职冗滥，军旅不精，每年财政亏空数千万缗。在这巨大财政赤字面前，王安石实行变法，采取了有力措施。

诸生 古代经考试录取而进入朝廷、府、州、县各级学校，包括太学学习的生员。生员有增生、附生、廪生、例生等，统称“诸生”。他们考试时的学习生活费用、往返省亲路费，均由朝廷负担。也指儒生或在学读书的学生。

王安石新法在财政方面有均输法、青苗法、市易法、免役法、方田均税法、农田水利法；在军事方面有置将法、保甲法、保马法等。同时，改革科举制度，为推行新法培育人才。这些措施在一定程度上促进了农田水利事业的发展，国家财政状况有所改善，军事力量也得到加强。

王安石执政时推行新法，欧阳修虽然是反对者之一，经常发生激烈的争论，但欧阳修却一直爱护着王安石，王安石一直很尊敬欧阳修。他们两人终生以诗文赠答和书信往来，维持着深厚的个人友谊。

两人的友谊一直持续到晚年，并经受住了政见不一的严峻考验。1072年欧阳修去世，王安石曾撰祭文悼念。高度评价了欧阳修的道德情操、学术文章。

后来有人认为，有关欧阳修的祭文，当以王安石之文为第一。欧阳修立朝大节、坎坷困顿，无不见于其中，表达了对他深切怀念之情，显示出平生知己的深厚感情。

纵观欧阳修与王安石两人交往始末，基本上是义兼师友。讲友谊而不无原则地随和，明是非又不影响情谊，这恰恰源于他们政德和文德理想的可贵品格。

阅读链接

欧阳修在北宋文坛属于一代宗师级的人物。他在文学艺术方面达到成熟，崇尚轻松生活，为政“宽简”，让自己和百姓都过得轻松。

欧阳修在63岁那年写有《六一居士传》，文中说：“吾家藏书一万卷，集录三代以来金石遗文一千卷，有琴一张，有棋一局，而常置酒一壶，以吾一翁，老於此五物之间，是岂不为六一乎？”这段话可以看作是他生活态度的最好注脚，他也因此而称自己是“六一居士”。

陆游与辛弃疾的友情

陆游与辛弃疾既是南宋抗金派的代表人物，也是南宋时期文坛的两座丰碑。两人的年龄相差15岁，但他们之间有过一段超越年龄的友情佳话。

陆游彩像

陆游，南宋大诗人。曾投身军旅生活，其一生笔耕不辍，其9000多首存诗内容极为丰富。

辛弃疾，南宋大诗人。他21岁参加山东抗金义军，创立了名震中原的“飞虎军”，主张抗金复土。

陆游与辛弃疾之所以能够走到一起，还要从南宋时期颇有争议的人物韩侂胄发动北伐说起。

宋宁宗 （1168年～1224年），宋代第十三位皇帝，南宋第四位皇帝，谥号“法天备道纯德茂功仁文哲武圣睿恭孝皇帝”。宋宁宗在位30年，其在位期间内，南宋社会比较安定，百姓比较富裕，还恢复了理学地位。

收复中原一直是南宋时期绝大多数人的呼声。宋宁宗赵扩时，韩侂胄借助收复中原这面大旗，有意拉拢主张抗金的人士，借此提高威信。当时许多主战派人士抱着报国宏愿，纷纷出山与韩侂胄合作，在这串人员的名单中，就包括陆游和辛弃疾。

不过，77岁高龄的陆游满怀期冀，却很快就失望了，韩侂胄只是借重陆游的名望，对他并不信任也没有委以重任。陆游开始认识到韩侂胄并不能担当起恢复中原的大任，他的希望又一次落空。他在京城仅仅待了一年，便匆匆返回绍兴老家了。

陆游回家还不到一个月，已过花甲之年的辛弃疾被任命为绍兴知府兼浙东安抚使。在此次任命之前，他被冷落在江西上饶闲居达8年之久，此次之所以能够复出，也与韩侂胄的北伐策略密切相关。

辛弃疾雕像

到了绍兴，辛弃疾立即前往拜会诗才出众，影响和名望极高的主战派人物陆游。再加上陆游刚从京城回归不久，辛弃疾想在第一时间将北伐这件事告诉陆游，征询他的意见。

在浙江绍兴山阴一所破旧的草堂边，两位白发苍苍、精神矍铄的老人相遇了，他们的双手紧紧握在一起，久久不肯放开，激动得热泪盈眶。他们虽然相差了整整15岁，但这丝毫不影响他们心灵的沟通。交谈之余，他们发现彼此有着太多的共同语言与志趣爱好。

陆游与辛弃疾都有过颠沛流离的早年生活，都具备爱国爱家的赤胆忠心，都有着奔放豪爽的性格，都视恢复中原为己任。陆游有过火热的军旅生涯，辛弃疾更是有着万马丛中取敌将首级的壮举。陆游文采飞扬，是闻名天下的大诗人，辛弃疾才情出众，是南宋豪放派的一代宗师。

陆游雕像

在仕途上，他们又都有着被冷落的失意，被排斥的无奈，以及抱负无处施展的苦闷。相同的身世加深了他们彼此的理解与信任，使他们更加心意相投，英雄相惜。在度过了大半个人生之后，此时相见，真正是欲说还休，相见恨晚。

辛弃疾的到来使陆游孤寂的内心变得鲜活起来，也解除了辛弃疾的感伤与寂寞。他们谈诗词、论北伐，生活变得丰富多彩，爱国激情再次被点燃。

当时陆游的生活非常清苦，住在破旧的草堂里，算得上家徒四壁。辛弃疾看在眼里，急在心上，他几次三番提出要为陆游修建住所，都被陆游一一婉拒。

陆游心胸非常豁达，在他看来身居简陋的草堂没有什么不妥，他不愿意浪费人民的财产，也不愿意朋

安抚使 古代官名，为由朝廷派遣处理地方事务的官员。隋代曾设安抚大使，为行军主帅兼职。唐代前期派大臣巡视经过战争或受灾地区，称“安抚使”。宋代初期沿之，为诸路灾伤及用兵的特遣专使。后渐成为各路负责军务治安的长官，以知州、知府兼任。

友破费，他觉得那些钱财应该用到更合适的地方。

辛弃疾对陆游甘于清贫的崇高品性更加钦佩，他不便过于勉强，准备先放一放再找时机说服陆游。但他没想到此事一拖，便再也没有机会。

陆游对辛弃疾此次北去心情矛盾复杂，对未来充满了忧虑。尽管陆游不满韩侂胄的所作所为，一年前自己还被利用了一次，但当韩侂胄再次以北伐为招牌招揽英贤的时候，他还是主张不要介意过去不得志的往事，先国家之急而忘私怨。

在这一点上，辛弃疾与陆游有着相同的认识。此时辛弃疾已年过花甲，与陆游相比，他尚算年轻，但也是白发满头，实现北伐的心愿已没有更多的时间等待。

辛弃疾临行前，陆游赶写了一首长诗为他送行，不吝笔墨全方位地赞扬了辛弃疾，更有信任鼓励的话语。

陆游盛赞他才高过人，好学不倦，著作等身；将他比作管仲萧何一样的人才，相信他一定可以成就伟大功业；希望他积极结连中原的

陆游醉梅

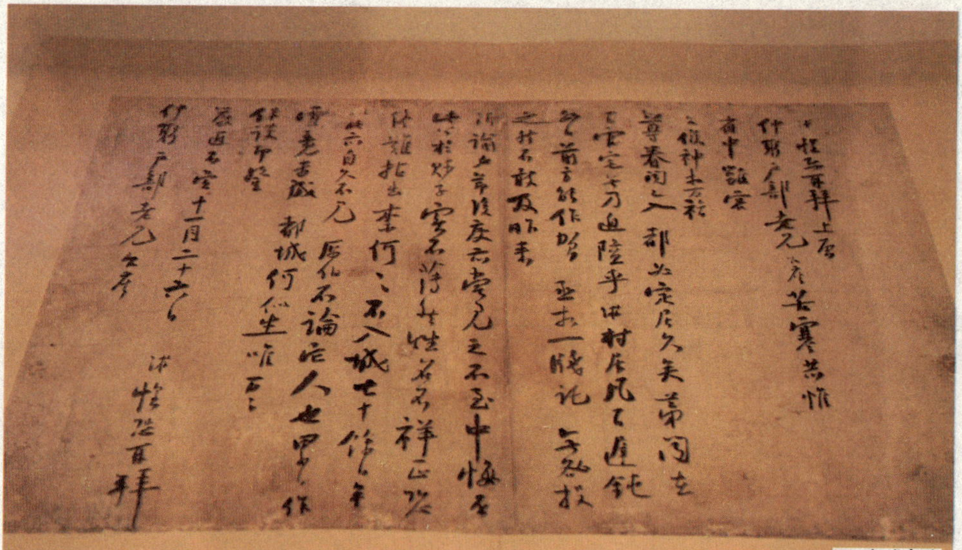

陆游书法

忠义民兵，不久就能大展宏图，施展抗敌复土的抱负；劝他凡事要考虑周全，小心“谗夫”从中作梗；鼓励他把全部精力投入到对敌斗争中去，一雪对金的深仇积愤。

到了京都临安，辛弃疾很快就进入了角色。当时金国内部混乱，北方强敌蒙古对它的威胁也越来越大。辛弃疾提议加强战备，密切关注局势，伺机而动，妥善应对。

韩侂胄派辛弃疾镇守长江下游的京口，那是北伐前进的重要基地。辛弃疾登上北固亭，俯视滚滚长江，感觉离自己所要实现的愿望从来没有这么近过。

没过多久，由于辛弃疾与韩侂胄急于进兵的思路不相吻合，他最终被撤换。这时辛弃疾的情绪降到了冰点，这是他最后一次实现复疆志愿的机会，可是一切都已付诸东流。

陆游和辛弃疾，在他们的晚年各自为北伐空欢喜了一场，经过这次事变，辛弃疾对韩侂胄的本质有了比较清醒的认识，将他看作是欺压皇室、阴谋夺位的奸臣。

事实上，北伐战争拉开序幕不久，当宋金两军主力进行会战之时，准备不足的宋军就溃败不堪。

韩侂胄曾经一度想起了辛弃疾的劝告，想再次任命他为枢密都承旨，期望他能力挽狂澜。可惜的是，这时的辛弃疾在留下了临终绝笔《洞仙歌》之后，已经与世长辞，时间正值1207年秋天。

北伐的又一次失败，给英雄暮年的陆游以致命一击。在辛弃疾辞世后不到3年，1210年春天，85岁的陆游追随他的友人而去，留下了不朽的千古绝唱：

死去原知万事空，
但悲不见九州同。
王师北定中原日，
家祭无忘告乃翁。

陆游与辛弃疾，这两位南宋文坛的杰出代表，他们的忘年交深厚而沉郁，收复失地的共同志向将他们紧紧地联系在一起，而他们对彼此的人格和风范也是极为欣赏。他们痛苦但不绝望，沉郁而不消沉，感伤却又豪迈，感染和激励着一代又一代人前赴后继地报效祖国。

阅读链接

南宋时期爱国诗人陆游隐居山阴三山时，老百姓遇到邻里纠纷，经常让他解决，而他总能让人心服口服。有一次，鉴湖村的陈大与塘湾村的赵四因为搭建猪棚闹意见，陆游听后，叫双方回家去安心地等着。这样过了几天，陈大与赵四心生悔恨，一场官司风平浪静了。

事后陈大和赵四问陆游为什么不当场解决。陆游笑笑说："我是为了让你们两家人回去消消气，这样也好大事化小，小事化了。"陈大和赵四听后感激得说不出话来，长跪在陆游面前不肯起来。

厚德载物

明清时期发扬了传统儒学的积极因素，促进了儒学的发展，也促使笃实宽厚的民族精神焕发生机，使之更加贴近生活，指导着人们的思维方式和行为模式。

这一时期，继承和发扬了笃实宽厚传统美德，涌现出很多具体的人和事，比如明代杨翥的邻里和睦，吕留良的以德自律、徐光启的务实进取、唐寅的谦虚谨慎，还有清代顾贞观的注重友情等。

在他们的身上，显示出儒家厚德载物这一思想精神对人性的升华，标志着人类文化进步到了一个相当的程度。

杨翥宽厚睦四邻

杨翥石刻像

明代继承和发扬了笃实宽厚传统美德，涌现出许多感人的故事。其中杨翥以宽厚的胸怀促进邻里和睦，被传为佳话。

杨翥，字仲举，明朝人。少年时，父母双亡，跟随兄长当戍守兵士，又在学馆当先生，后经杨士奇推荐，任翰林院检讨，升迁为礼部尚书。他为官清正廉明，体恤民意，为人笃实敦厚，宽容忍让，为当时推举，后世称道。

杨翥处处关心他人，顾及别人利益，能设身处地替邻居着想。明景帝朱祁钰未登皇帝大位时，杨翥是太子宫中的官吏。他住在京城，平时因事外出，却从来不坐轿子，只是骑一头毛驴子。

杨翥的邻居是一位老头，快60岁的时候生了个儿子，老来得子，夫妻自然非常高兴。但这个孩子一听到杨翥的驴子叫就哭个不停，搞得全家人都不得安宁。老人没有办法，只好去向杨翥反映情况，建议杨翥外出还是坐轿子为好。

杨翥画像

杨翥问邻居老人："您为什么想要让我坐轿子，而不想让我骑毛驴呢？"

邻居老人说："我家孩子怕您的驴叫，每次听到驴的叫声，他都哭闹不停。孩子出生时间不长，他太小了，我担心孩子被吓坏了。真要这样了，那我也不想活了！"

杨翥的儿子，当时在旁边听见了，不满意地插嘴对邻居老人说："你养你的孩子，我爸骑自己的驴子，原本挨不着的事儿，怎么能限制我们骑毛驴这种事呢？"

杨翥马上阻止儿子别插嘴，然后他和颜悦色地对老人说："好吧，我知道了，我明天就让驴子不叫了，您就放心吧！"

邻居老人走后，杨翥的儿子不服气地问："你能让驴子不叫吗？驴子不叫，它还是驴子吗？"

杨翥笑着说："呵呵，我还真能让驴子不叫。"

轿 一种靠人扛或畜载而行，供人乘坐的交通工具，曾在东西方各国广泛流行。就其结构而言，轿子是安装在两根杠上可移动的床、坐椅、坐兜或睡椅，有篷或无篷。轿子最早是由车演化而来。轿子在我国大约有四千多年的历史。据史书记载，轿子的原始雏形产生于夏朝初期。因其所处时代、地区、形制的不同而有不同的名称。如肩舆、兜子、眠轿、暖轿等。

■杨翥宽厚待邻

到了第二天早晨，杨翥便让仆人把驴子牵到集市上卖掉了，从此外出，均改为步行。

有一年夏天，有一段时间阴雨不停，积水把邻居家的院墙冲坏了，出现了一个洞口，雨水从洞口流到了杨翥家院子里，致使杨翥家如同发水一般，遭受水灾之苦。

杨翥的仆人每天打扫庭院，见大量雨水流了进来，院子没法收拾，就打算同邻居评理。

杨翥说："毕竟还是下雨天少，晴天多，何必引起争吵呢？"

仆人说："现在满院子都是水，几乎连下脚的地方都没有，也根本没法收拾。"

杨翥劝仆人说："先这样吧，毕竟总是下雨的时候少，晴天的时候多。"

修撰 古代官名。唐代史馆有修撰，掌修国史，宋代实录院有修撰官掌修实录。明清时期通常授予一甲第一名进士。一般于殿试揭晓后，一甲第一名进士即状元就可以授翰林院修撰。该官职主要从事典簿编修，检讨，校注，也是为辅佐翰林院掌院学士的基层官员。

由于杨翥的宽厚忍让，这件事情也就这样慢慢地过去了。

杨翥做修撰的时候，住在京城。他的一个邻居丢失了一只鸡，指骂说是被杨家偷去了。杨翥的仆人气愤不过，把此事告诉了杨翥，想请他去找邻居理论。

杨翥说；“此处又不是我们一家姓杨，怎知是骂的我们？随他骂去吧！”

久而久之，邻居们都被杨翥的宽容忍让所感动，纷纷到他家请罪。有一年，一伙贼人密谋欲抢杨翥家的财产，邻居得知此事后，主动组织起来帮杨家守夜防贼，使杨家免去了这场灾难。

邻里贵在和睦相处，但矛盾总会存在。杨翥不在意邻家雨水之害，也不在意邻居失鸡的点姓叫骂，是假装糊涂和有意忍让。这看似容易，其实很难，正因为如此，才看出杨翥的德行和度量。

杨翥具有宽容和谦让的高尚品质，这是一份难能可贵的人生境界。事实上，杨翥在生活中常常遇到人际矛盾，但他为人处世宽宏大量，气度不凡，不计较小事，表现了他的超人的洒脱。他的宽宏忠厚，受到了世人的广泛赞誉。

阅读链接

明清时期的金水河，主要作用是供宫廷用水和防护城垣，即所谓“金城汤池，深沟高垒”。除此之外，朝廷为了人们方便通行，就在金水河上建好了桥。

金水桥建成后，皇帝下诏书命令：“金水河桥成，诏宣有德行者试步。”意思是推选有德行的人，最先从桥上走过。

明代宗这一建议，得到众多的廷臣的拥护，廷臣公推杨翥，为第一个试步过桥人。这显然是一件无上光荣的事。这个故事肯定了杨翥宽以待人，严于律己的高尚德行。

吕留良题联自警

严于律己，务实立德，一直是笃实宽厚传统美德的重要内容之一。明末清初著名学者吕留良就是一个典型。

吕留良，明末清初著名思想家，时文评论家和出版家。

吕留良画像

吕留良幼时即颖悟绝人，读书3遍就能不忘，8岁能文，10岁时就与士子往来。顺治时应试为诸生，后隐居不出。康熙时期拒应清代朝廷的鸿博之征，后削发为僧。

吕留良有个朋友叫倪鸿宝，两个人都是读书人，在学问上分不出高低，都有点名气。

一天，倪鸿宝来访。在客厅里，吕留良和他一边品着茶，一边纵谈古今，气氛十分热烈。谈着谈着，倪鸿

明代读书人

宝眼睛扫到了客厅墙上的一副对联：

囊无半卷书，唯有虞廷十六字；
目空天下士，只让尼山一个人。

意思是说：我什么书都不去看，只有虞廷16个字；在读书人里我谁都瞧不起，只有孔丘一人，我让他一筹。

倪鸿宝琢磨着这副对联，在心里笑了笑，脸上露出不以为然的神色。他知道，所谓“虞廷十六字”，指的是《书经·大禹谟》中“人心惟危，道心为微，唯精唯一，允执厥中”。

意思是说，人心危险难安，道理幽微难明，要精纯专一，抓住事物的中心。在处理问题时，公允得当，不偏不倚。这是后来理学家修身养性的十六字诀。尼山，指孔子，孔子名丘字仲尼。

倪鸿宝轻轻地摇了摇头，心里暗想：吕留良以圣

倪鸿宝（1593年～1644），原名倪元璐，明末官员、书法家。字汝玉，一作玉汝，号鸿宝，浙江上虞人。1622年进士，历官至户、礼两部尚书。李自成入京，他自缢而死。书、画俱工，他所画山水，山皆崚嶒兀屼，林木则苍莽葱郁，皴法喜用大、小斧劈，总不屑描头画角，以取媚于人。

曾子参（前505年～前435年），16岁拜孔子为师，勤奋好学，颇得孔子真传。积极推行儒家主张，传播儒家思想。他以孝为本的孝道观影响我国2000多年，至今仍具有极其宝贵的社会意义和实用价值。他在儒学发展史乃至中华文化史上均占有重要的地位。

贤自居，口气太大，太狂妄了，哪有什么“允执厥中”的味道呢？

倪鸿宝回家里，叹息一番，也针锋相对地写了一联：“孝若曾子参，方足当一字可；才如周公旦，容不得半点骄。”意思是说：一个人孝如曾子参，只不过是做到了为人道德的一个方面；才能如周公，也不应有半点骄傲。

不久，吕留良回访倪鸿宝，一到书房，就看到了这副对联。他知道，曾子参是孔子的学生，以孝顺父母出名；周公旦是周武王的弟弟，有名的贤相。很显然，这副对联是针对自己客厅里那副对联写的，一时觉得很尴尬，举止言谈都有些失态。

这一切倪鸿宝都看在眼里。为了缓和气氛，倪鸿宝赶忙让座让茶，讲了很多客套话。

吕留良心里不得劲儿，坐了不多久，便借故告辞了。吕留良回到家里，仔细一想，倪鸿宝讲的确实有

明代读书人

道理，自己是太骄傲了，实在是不应该的。

于是，立即撕下原来那副对联，重新写了一副客厅联：

效梅傲霜休傲友；
学竹虚心莫虚情。

意思是说：做人应该像梅一样在白雪面前骄傲地绽放自己的美丽，但在亲朋好友面前不要骄傲；要学习竹子的虚心才能历经风霜而不倒，但千万不能虚情假意。

从此以后，吕留良和倪鸿宝的交往就更密切了。

明代倪鸿宝的《玉梅图》

联品可看人品。吕留良和倪鸿宝的两副对联，表现了两人不同的品格和胸襟。而吕留良能够以对联自警，体现了他闻过则改，见贤思齐的儒家风范。

阅读链接

在浙江省桐乡市崇福镇中山公园的吕园内，有一座吕晚村纪念亭，此亭静静地伫立在吕园中央的绿树丛中，仿佛在向游人默默讲述当年吕留良的抗清之举。

吕晚村纪念亭正中基座上，竖有高约两米，宽0.7米，厚0.2米的纪念石碑，碑的正面刻“先贤吕晚村先生纪念碑”10个大字，由我国教育界先驱蔡元培亲笔题写并撰联，碑的背面刻有介绍吕氏生平简要事迹的碑文。吕晚村纪念亭的存在，表达了后人对这位中华精英的崇高敬仰和深深怀念之情。

徐光启诚恳拜师

徐光启画像

通过宽厚的道德人格来打动别人，达到人我沟通的目的，一直是笃实宽厚美德的一个重要方面。明代末年的徐光启，以自己的人格魅力打动人心，终于让耶稣教会会长利玛窦深受感动。他们的合作，极大地推动了当时的西学东渐，也显示出儒家精神的救世力量。

徐光启，明代末期数学家、农学家、政治家和军事家。是中西文化交流的先驱之一，一生在学术上勤勤恳恳，孜孜以求，尤其在天文、数学和农学上，更是成果卓著。

■ 徐光启的《农政全书》

1596年夏天，徐光启任广西浔州知府赵凤宇的家庭教师，随赵家一起来到浔州。在那里，他结识了意大利神父郭静居，他第一次看到了一张《万国全图》。郭静居指着地图给他看中国在哪里，欧罗巴洲在哪里，意大利在哪里。

徐光启看后十分惊异，有生以来第一次知道，除了中国之外还有那么广阔的地域。这使他非常倾慕，当他知道这图是耶稣教会会长利玛窦所绘时，便暗暗下了决心，一定要找到利玛窦拜他为师，跟他学习。

在郭静居的指点下，徐光启几经周折，多次追踪，终于见到了利玛窦。徐光启和利玛窦一见如故，从天文、地理谈到数学，非常投机。利玛窦用欧几里得的《原本》举例，对比中西方教学特点的一番谈论，使徐光启一下子便迷上了《原本》。

徐光启恳请说："先生，可以把你的《原本》一书借给我看看吗？"

利玛窦笑了，他摊开两手说："可惜还没有翻译成中文，先生读不懂。"

一种对科学强烈追求的欲望，使徐光启下了一个更大的决心，一定将《原本》译成中文。徐光启为了

神父 即神甫，司祭、司铎的尊称。是罗马天主教的宗教职位，千百年来只有男性才可担当此职位，而且他们终身皆不可结婚。神父通常是一个教堂的负责人。除了主持弥撒及婚礼外，为垂危者祷告、告解，驱魔也是神父的职责。介于主教与助祭之间，属七级神品。

徐光启画像

学习西方科学，为拜利玛窦为师，1603年，他全家加入了天主教。第二年他又考中了进士。

在徐光启再三的请求下，利玛窦终于开始向他讲授《原本》和绘制地图的方法。

利玛窦规定每两天向徐光启讲授一次。无论是大雪纷飞，还是黄沙弥漫，徐光启总是按时到达，恭恭敬敬地听利玛窦的讲述。经过一段时间的学习，徐光启终于弄通了欧几里得《原本》。他发现该书着重阐述数学的基础理论，有严密的逻辑推理，确实能弥补我国古代数学的不足。

徐光启建议利玛窦说："这段时间先生不辞辛苦，精心讲授，晚生已基本掌握了《原本》的要旨。请先生继续赐教，与晚生一起把该书译成中文，名字可否定为《几何原本》？"

在徐光启的精神的鼓舞下，利玛窦终于答应试一试。《几何原本》的翻译工作终于开始了。整个冬天他俩都是在灯烛下度过的。

徐光启白天要去办公，只有晚上才能与老师一起译书。一开始就遇到了很多困难，书中专用名词在汉语中没有，只能由两人琢磨决定，经过多次推敲，反复修改，才定下来。

他们常常为了一个名词，想几个晚上，改了10多次还不满意。有时一个章节译完了，但因文字艰涩难懂，就推翻了再译，直至文字准确，通俗易懂时为止。

时光荏苒，他们俩人从大雪纷飞的季节译到了桃李花开时节，译完了前三卷。他们没有时间去游春赏花，继续奋战，终于在5月前译完了前六卷。

初稿译完后，徐光启又反复修订了两遍，最后终于定稿了。1607年，《几何原本》印出来了。《几何原本》的装帧十分精细，第一页上都工工整整地印着《几何原本》4个大字，还注明利玛窦口译，徐光启笔录。

徐光启和利玛窦看着他们共同心血的结晶，都流下了激动的泪水，表达了真诚的师生之情谊。

利玛窦神父去世后，他的墓地改建工程于1611年夏天竣工，11月举行葬礼，徐公光启先生率领北京的教友们参加，并主持仪式。

主持丧礼的徐光启，更是悲痛万分。他没有顾及自己高官显宦的地位和尊容，任凭悲伤的泪水扑簌簌地落下。对利玛窦离世的忧戚和不舍，使他禁不住伸出双手，和落棺的随从们一起拿起绳索，帮助他恩师兼益友利公的棺椁葬入地下，让他安静地长眠于此。又亲自拿起土铲，为利公覆上黄土。

徐光启亲手埋葬了恩师利玛窦之后，并未按惯例把下棺的绳索一起掩埋掉，而是保留下来收藏，作为对恩师益友利公玛窦神父的敬意和纪念。

阅读链接

徐光启墓位于上海市南丹路上的光启公园内。徐光启是我国研究和介绍西方科学的先驱，在农业与天文学上的成就极为突出。

1633年，他在北京去世，次年归葬原籍，择地于上海城山南李纵泾、肇嘉浜等河道汇合处，后来子孙多居于此，称“徐家汇”。

唐寅求教绘丹青

谦虚谨慎，礼求教诲的精神，也是笃实宽厚美德的重要内涵。明代文人唐寅是这方面的一个典型。

唐寅，明代著名画家、文学家。自幼喜欢画画，父亲在他13岁时，就让他在店中帮忙干活，不再上学，画出得意的画就贴在店墙上。

唐伯虎画像

据说唐寅绘画的启蒙老师是才子祝允明给介绍的。有一次，才子祝枝山来到酒店喝酒，很喜欢墙上的画。就问老板画是由谁画的。唐寅的父亲回答说是儿子画的。祝枝山很惊讶地要求见见孩子。

祝枝山在得知了唐寅的家

境贫寒之后，决定帮助他找一位丹青妙手来教他画画。不久，祝枝山带着画师沈石田来到了酒店。沈石田也很欣赏唐寅的画，但想考考他才气如何，就为他出了一个字谜：“去掉左边是树，去掉右边是树，去掉中间是树，去掉两边是树，这是什么字？”

唐寅略一思考就说出了谜底是个“彬”字。沈石田很高兴，就收下了唐寅。

唐伯虎雕塑

唐寅聪明伶俐，很快掌握了一定的绘画技巧。这个时候，沈石田已经倾囊相授，觉得再教下去，可能会误人子弟，于是就离开了唐家。

唐寅的画画得不错，富豪人家常请他作画，唐寅也渐渐地滋生了自满情绪。有时端详着自己的画，心里说：“蛮不错嘛，差不多了。”

唐寅的妈妈看出了他的想法，问他说：“你怎么不画了？”

唐寅说：“我已经画得挺好了。”

妈妈又问：“你看咱们这儿哪座山最高？”

唐寅不假思索地说：“南山最高！”

妈妈说：“你登上南山去向远望望，比它高的山还很多呢！”

唐寅听了妈妈的话，明白了她的用意，便带上行李和画笔，到外村拜师去了。

祝允明（1460年～1527年），因右手有六指，自号“枝指生”。他家学渊源，能诗文，工书法，特别是其狂草颇受世人赞誉，流传有“唐伯虎的画，祝枝山的字”之说。与唐寅、文徵明、徐祯卿齐名，明代称其为“吴中四才子”之一。

周臣（？～1535年），明代职业画家。约生活在明成化至明嘉靖年间。擅长画人物和山水，画法严整工细。他有两个学生特别著名，一个唐寅，另一个仇英，唐寅、仇英青出于蓝，风格上极为接近，但当时名气已超过老师。

唐寅拜周臣为师。周臣在当时极有名望，是书画界的高手，能画山水画，也是花鸟画的丹青妙手。唐寅到了周先生门下，看了他的画真是耳目一新，长了不少的见识。唐寅想，我原以为是绘画第一了，却不过是井底之蛙，以为天空就是那么一小块。

周臣很喜欢唐寅，认认真真地传授技艺，哪里要浓墨重彩，哪里要轻描淡写他都一一指教。时间过得真快，一晃一年过去了。

有一天，唐寅偷偷地把自己的画和先生的画比较一番，觉得自己和先生差不多了。再说，自己离家一年多了，很想回去看看妈妈。

唐寅的一举一动，先生看在眼里，记在心上，他和妻子研究一番，决定在后花园的一个小屋里为唐寅饯行，这间小屋平时总锁着，唐寅从未进去过。

唐伯虎塑像

唐寅被先生请进来，一边吃着饭菜，一边细细打量着室内陈设。他突然发现，这屋子好奇怪，四面墙上都有门，但没有窗子。顺着门往外望去，只见后花园里好一派春景，处处可见柳绿花红，鸟巢蝶影，顽石跌宕，溪水穿行。看到如此美妙仙境，唐寅想，自己来了一年还没到此一游呢！

这时，先生说："唐寅，你想家了吧？"

唐寅点了点头，眼圈都红了。

先生又说："你的画本来画得不错，又在我这儿学了一年，可以出师回乡了。你看怎么样？"

唐寅已经喝得半醉了，说："谢谢先生一年来的教导，我不会忘了老师的。"

先生又指了指门外的景色，说："我这个园子，一向对外人保密的，今天对你可以破例。你到后花园去愉愉快快地玩吧！"

唐伯虎庐山图

这时，唐寅已经喝得醉醺醺的，走过去就想一步跨出门槛，可是，不料竟被撞了回来，头上还鼓起了大包。这是怎么回事儿？这扇门明明开着，怎么会是死的？他再跨另一扇门，照例被撞回来。3个门都出不去，他的头上早肿起了大包。

先生和师娘笑得前仰后合。师娘说："唐寅，你喝多了！"请仔细看看那是门吗？"

唐寅这才细看，原来，三面墙上的门和门口的景色都是老师画上去的。

唐寅头上碰了这三个大包，心里立时清醒，顿有所悟，明白了先生的用意，马上跪倒在地，连声说："弟子错了，弟子和老师相差甚远就骄傲起来，请先生原谅。我不回家了，请先生再赐教3年吧！"

师娘忙把他扶起来，说："知道自己错了就好，以后虚心学习就行了。你妈妈看你来了，正在前厅等候。"

打这儿以后，唐寅黎明即起，画到深夜，毕恭毕敬，勤勤恳恳地跟先生学习。

3年转眼过去了，冬日将尽。唐寅为感谢先生的教育，亲自动手烧菜，宴请师傅。当他把烧好的鱼端上桌时，一只大狸猫从门外呼呼地跑进来，跳上桌子就想吃。唐寅急了"啪"地就是一掌，那大狸猫"呼"地一声就往窗上跳。

结果，大狸猫跳了一个窗户又一个窗户，就是跳不出去，最后"呜呜"地叫着从门口逃出去了。原来，那窗户是唐寅画在墙上的。

先生见了这情景，哈哈大笑起来："唐寅呀，你已经4年没有见到你娘的面了，要过年了，快回去吧！"

由于唐寅虚心求教，终于成为了一代大家。他才气横溢，与祝允明、文徵明、徐祯卿并称为"江南四大才子"，也称"吴门四才子"；画名更著，与沈周、文徵明、仇英并称"吴门四家"，又称为"明四家"。

唐寅的一生中为后世人贡献了巨大文化财富，他的画作题材广泛，挥笔自然，风格别具，雅俗共赏，深受各个阶层志士仁人乃至庶民百姓的赏析与青睐。

阅读链接

一天，唐寅正在家中作画，来了一群纨绔子弟，对壁上的书画指手画脚，吵吵闹闹。为了让他们安静下来，唐寅说由自己出灯谜，猜中者即赠送书画。只见唐寅在一张白纸上涂了一团墨，说了一句"猜一个字"，然后就进里屋作画去了。

纨绔子弟面对一团墨，没有一个人能猜中。这时，祝允明来了，众人求他帮助破谜。祝允明微微一笑，对众人说："墨团即'大、黑、点'，加起来就是'默'字。"意思当然是让他们肃静下来。纨绔子弟面面相觑。

顾贞观赋词救挚友

在笃实宽厚传统美德中，友情常常发挥出惊人的力量。清代文学家顾贞观就在友情力量的驱使下，做出了令世人震惊的大义之举。从某种意义上说，这也是对笃实宽厚传统的最好继承和发扬。

顾贞观画像

顾贞观，与陈维嵩、朱彝尊并称明末清初“词家三绝”，同时又与纳兰性德、曹贞吉共享“京华三绝”之誉。

顾贞观和清初著名诗人吴兆骞同为江南才子，一个填词，一个作诗，在清代初期的文坛上崭露头角，名气大震。早在青年时代，他

包胥 即申包胥，春秋时期楚国大夫。公元前506年，吴国用伍子胥计攻破楚国，他到秦国求救，在朝廷痛哭七日夜，终于使秦国发兵救楚。金元好问《壬辰十二月车驾东狩后即事》诗之二："精卫有冤填潮海，包胥无泪哭秦廷。"

们就诗酒交往，过从甚密，或蠡湖泛舟，春郊驰马；或围棋击筑，谈诗论文，志趣相投，肝胆相照。

1657年，吴兆骞参加江南乡试，考中举人。当时有人不断揭发考场弊端，引起顺治帝震怒，决定钦定试期，亲加复试，以核真伪。吴兆骞就和其他所有中举者一起被押往北京复试。

在考场上，除考官罗列监视外，还在堂上摆着桎梏等刑具，堂下排列着举刀持棍的武士，而且每个举子身边还有两个护军夹立监视。

在这种气氛下，参加复试的举人大都战栗不安，失去作文赋诗的灵感，有的甚至连笔也握不住。吴兆骞虽有才华，但也受到环境的影响未能终卷，结果以舞弊定案，被杖责40大板，送至8000里外的宁古塔去戍边。

当时的宁古塔，几乎不是人间的世界，流放者

清代科举考试

去了常常半道上就被虎狼恶兽吃掉，能在那里活下来的也是过着非人的苦难生活，几乎就没有人能够从那里出来。

吴兆骞被遣送到黑龙江戍边后，顾贞观为好友蒙受不白之冤感到悲伤。当顾贞观接到吴兆骞从戍边寄来一信时，得知他戍边的苦况不禁凄伤流泪。

吴兆骞画像

1671年冬，在北国一个寒夜，吴兆骞万万没有想到，在流放10多年的荒蛮之地见到了好友顾贞观，两人抱头痛哭。当下，顾贞观对吴兆骞许下诺言：5年之内，一定帮助好友重归江南故里。

顾贞观回到北京后，多方奔走，倾心相救遇难之友，不惜放下所有做人的尊严，叩拜侯门为赎金集资。但10多年过去了，事情却没有进展，因而每每念及便痛心疾首。

1676年冬，顾贞观寓居北京千佛寺，于冰雪中感念良友的惨苦无告，作《金缕曲》二首，代书信寄出。《金缕曲·季子平安否》写道：

季子平安否？便归来，平生万事，那堪回首！

行路悠悠谁慰藉，母老家贫子幼。记不起，从前杯酒。

乌头马角 指不可能出现的事。典出战国末年，当时燕国太子丹在秦国当人质，与秦王政发生冲突被囚禁起来，太子丹请求放他回国。秦王提出的条件是“乌头白，马生角”，太子丹只好仰天长叹。可能是上天有眼，牢房外飞来一只白头乌鸦，秦王只好遣送太子丹回国。

魑魅搏人应见惯，总输他，覆雨翻云手，冰与雪，周旋久。

泪痕莫滴牛衣透，数天涯，依然骨肉，几家能够？

比似红颜多命薄，更不如今还有。只绝塞，苦寒难受。

廿载包胥承一诺，盼乌头马角终相救。置此札，君怀袖。

赋 由楚辞衍化而来，是以“铺采摛文，体物写志”为手段，以“颂美”和“讽喻”为目的的一种有韵文体。它多用铺陈叙事的手法，赋必须押韵，这是赋区别于其他文体的一个主要特征。赋起于战国，盛于两汉。

《金缕曲·我亦飘零久》写道：

我亦飘零久！十年来，深恩负尽，死生师友。

宿昔齐名非忝窃，只看杜陵消瘦。曾不减，夜郎孱愁。

薄命长辞知己别，问人生，到此凄凉否？千万恨，为君剖。

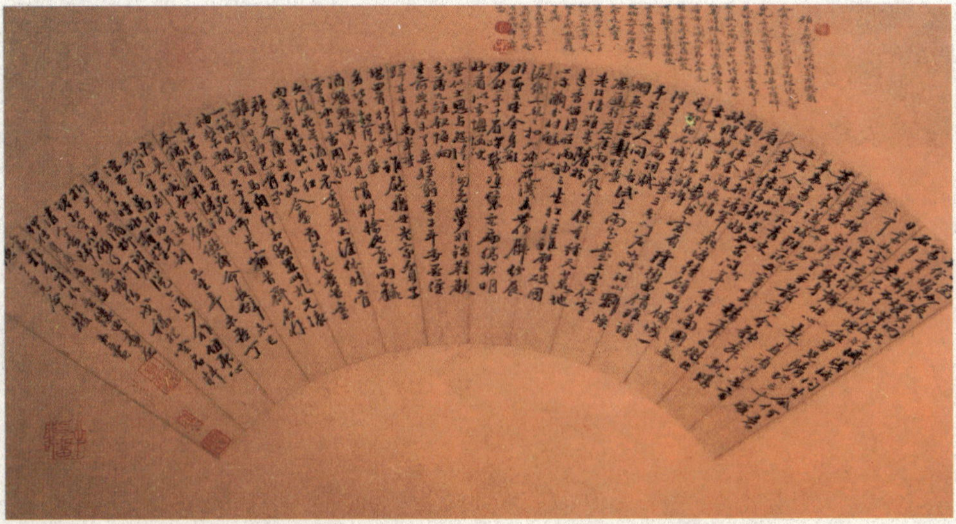

■ 行书《金缕曲》

■ 纳兰性德 （1655年～1685年），满族正黄旗人，家世显赫，清康熙大学士明珠之子。在清代初期词坛上独树一帜，词风格近李煜，有“清李后主”之称。所写词清丽婉约，哀感顽艳，格高韵远，独具特色。

兄生辛未吾丁丑，共些时，冰霜摧折，早衰蒲柳。

诗赋从今须少作，留取心魄相守。但愿得，河清人寿！

归日急翻行戍稿，把空名料理传身后。言不尽，观顿首。

词中的那份对至爱亲朋的侠肝义胆，令人钦佩也让人叹惋唏嘘。两阕只如家常说话，痛快淋漓而婉转反复，念友心迹，一一如见。《金缕曲》的艺术魅力和人格魅力都十分巨大，以至于感动了后来解救吴兆骞的关键人物纳兰性德。

事情是这样的，顾贞观作此词不久，结识了当朝相国纳兰明珠的儿子纳兰性德。22岁的纳兰性德是一个人品和文品都不错的人，但他对顾贞观提出解救朋友的要求却觉得事关重大，很是为难。顾贞观这时拿出了《金缕曲》给他看。

同样是情深义重之人的纳兰性德，一读之下，竟是泪倾如雨。他对顾贞观说：“不玉成此举者，非人也！给我10年时间，我把这事当做自己的事来办。”

顾贞观一听急了，几乎喊着说：“10年？他还有几年好活？5年为期，好吗？”纳兰性德含泪点头应允了。

后来，至情至义的纳兰性德果然信守诺言，与其父倾覆重金，终于在承诺的最后一年，也就是1681年使吴兆骞活着回关。

以纳兰性德相国公子、朝廷侍卫的身份，救赎吴季子尚需5年，可见此举成功有何等样的困难。若非“情义”两字，又哪有这一段伤心的佳话！

51岁的吴兆骞入关后，人们看到的是一个形容枯槁发须皤然的老翁，在宁古塔的凄苦生活，使他过早地衰老了。当他出现在纳兰性德家里时，看见墙壁上书写着一行大字：“顾梁汾为吴兆骞屈膝处”，不禁放声大哭。

纳兰性德把吴兆骞留在家中担任授读，可惜他已是一段膏蜡燃尽的残烛，到54岁时就因病逝世了。

顾贞观写给吴兆骞的二阙《金缕曲》，因为纳兰性德在祭吴兆骞的文中曾说，“金缕一章，声与泣随，我誓返子，实由此词”，所以被人传诵为“赎命词”，成为清词中的压卷之作。

顾贞观与吴兆骞间的惊世友情，是以性命相托的生死之情，也是情深义重的朋友的一种形态。由于它体现的是友情的极致，温暖醇厚，诚朴恬淡，绵绵悠长，因而成为人间友情佳话，至今仍被人们所传颂。

阅读链接

在宁古塔众多的流人中，文学造诣最高，名气最大的是吴兆骞。他54年的生命中，在宁古塔生活了22年，这个“塞外绝域”的山山水水，风土民情深深地留在了他的记忆中。他将自己戍居塞外的不同思绪，写成著名诗词集《秋笳集》和《归来草堂尺牍》流传于后世，让今天的人们有幸了解当时的东北和宁古塔。

仁者乐山，智者乐水。流放在宁古塔的文人，时而相聚饮酒赋诗，时而又寻密探幽，登临山水。他们寄情于山水之间，是流放人的苦中之乐。

中华精神家园书系

建筑古蕴

壮丽皇宫：三大故宫的建筑壮景
宫殿怀古：古风犹存的历代华宫
古都遗韵：古都的厚重历史遗韵
千古都城：三大古都的千古传奇
王府胜景：北京著名王府的景致
府衙古影：古代府衙的历史遗风
古城底蕴：十大古城的历史风貌
古镇奇葩：物宝天华的古镇奇观
古村佳境：人杰地灵的千年古村
经典民居：精华浓缩的最美民居

古建之魂

千年名刹：享誉中外的佛教寺院
天下四绝：佛教的海内四大名刹
皇家寺院：御赐美名的著名古刹
寺院奇观：独特文化底蕴的名刹
京城宝刹：北京内外八刹与三山
道观杰作：道教的十大著名宫观
辉煌圣殿：藏传佛教的著名寺院
古塔瑰宝：无上玄机的魅力古塔
宝塔珍品：巧夺天工的非常古塔
千古祭庙：历代帝王庙与名臣庙

古建涵蕴

天下祭坛：北京祭坛的绝妙密码
祭祀庙宇：香火旺盛的各地神庙
绵延祠庙：传奇神人的祭祀圣殿
至圣尊崇：文化浓厚的孔孟祭地
人间天宫：非凡造诣的妈祖庙宇
祠庙典范：最具人文特色的祭祠
绝代王陵：气势恢宏的帝王陵园
王陵雄风：空前绝后的地下城堡
大宅揽胜：宏大气派的大户宅第
古街韵味：古色古香的千年古街

古建风雅

皇家御苑：非凡胜景的皇家园林
非凡胜景：北京著名的皇家园林
园林精粹：苏州园林特色与名园
秀美园林：江南园林特色与名园
园林千姿：岭南园林特色与名园
雄丽之园：北方园林特色与名园
亭台情趣：迷人的典型精品古建
楼阁雅韵：神圣典雅的古建象征
三大名楼：文人雅士的汇聚之所
古建古风：中国古典建筑与标志

文化遗迹

远古人类：中国最早猿人及遗址
原始文化：新石器时代文化遗址
王朝遗韵：历代都城与王城遗址
考古遗珍：中国的十大考古发现
陵墓遗存：古代陵墓与出土文物
石窟奇观：著名石窟与不朽艺术
石刻神工：古代石刻与文化艺术
岩画古韵：古代岩画与艺术特色
家居古风：古代建材与家居艺术
古道依稀：古代商贸通道与交通

物宝天华

青铜时代：青铜文化与艺术特色
玉石之国：玉器文化与艺术特色
陶器寻古：陶器文化与艺术特色
瓷器故乡：瓷器文化与艺术特色
金银生辉：金银文化与艺术特色
珐琅精工：珐琅器与文化之特色
琉璃古风：琉璃器与文化之特色
天然大漆：漆器文化与艺术特色
天然珍宝：珍珠宝石与艺术特色
天下奇石：赏石文化与艺术特色

中华精神家园书系

建筑古蕴

壮丽皇宫：三大故宫的建筑壮景
宫殿怀古：古风犹存的历代华宫
古都遗韵：古都的厚重历史遗韵
千古都城：三大古都的千古传奇
王府胜景：北京著名王府的景致
府衙古影：古代府衙的历史遗风
古城底蕴：千古传奇的魅力古城
古镇奇葩：物宝天华的古镇奇观
古村佳境：人杰地灵的千年古村
经典民居：精华浓缩的最美民居

古建之魂

千年名刹：享誉中外的佛教寺院
天下四绝：佛教的海内四大名刹
皇家寺院：御赐美名的著名古刹
寺院奇观：独特文化底蕴的名刹
京城宝刹：北京内外八刹与三山
道观杰作：道教的十大著名宫观
金光灿烂：藏传佛教的著名寺院
古塔瑰宝：无上玄机的魅力古塔
宝塔珍品：巧夺天工的非常古塔
千古祭庙：历代帝王庙与名臣庙

古建涵蕴

天下祭坛：北京祭坛的绝妙密码
祭祀庙宇：香火旺盛的各地神庙
绵延祠庙：传奇神人的祭祀圣殿
至圣尊崇：文化浓厚的孔孟祭地
人间天宫：非凡造诣的妈祖庙宇
祠庙典范：最具人文特色的祭祠
绝代王陵：气势恢宏的帝王陵园
王陵雄风：空前绝后的地下城堡
大宅揽胜：宏大气派的大户宅第
古街韵味：古色古香的千年古街

古建风雅

皇家御苑：非凡胜景的皇家园林
非凡胜景：北京著名的皇家园林
园林精粹：苏州园林特色与名园
秀美园林：江南园林特色与名园
园林千姿：岭南园林特色与名园
雄丽之园：北方园林特色与名园
亭台情趣：迷人的典型精品古建
楼阁雅韵：神圣典雅的古建象征
三大名楼：文人雅士的汇聚之所
古建古风：中国古典建筑与标志

文化遗迹

远古人类：中国最早猿人及遗址
原始文化：新石器时代文化遗址
王朝遗韵：历代都城与王城遗址
考古遗珍：中国的十大考古发现
陵墓遗存：古代陵墓与出土文物
石窟奇观：著名石窟与不朽艺术
石刻神工：古代石刻与文化艺术
岩画古韵：古代岩画与艺术特色
家居古风：古代建材与家居艺术
古道依稀：古代商贸通道与交通

物宝天华

青铜时代：青铜文化与艺术特色
玉石之国：玉器文化与艺术特色
陶器寻古：陶器文化与艺术特色
瓷器故乡：瓷器文化与艺术特色
金银生辉：金银文化与艺术特色
珐琅精工：珐琅器与文化之特色
琉璃古风：琉璃器与文化之特色
天然大漆：漆器文化与艺术特色
天然珍宝：珍珠宝石与艺术特色
天下奇石：赏石文化与艺术特色

中华精神家园书系

古迹奇观

玉宇琼楼：分布全国的古建筑群
城楼古景：雄伟壮丽的古代城楼
历史开关：千年古城墙与古城门
长城纵览：古代浩大的防御工程
长城关隘：万里长城的著名关卡
雄关漫道：北方的著名古代关隘
千古要塞：南方的著名古代关隘
桥的国度：穿越古今的著名桥梁
古桥天姿：千姿百态的古桥艺术
水利古貌：古代水利工程与遗迹

山水灵性

母亲之河：黄河文明与历史渊源
中华巨龙：长江文明与历史渊源
江河之美：著名江河的文化源流
水韵雅趣：湖泊泉瀑与历史文化
东岳西岳：泰山华山与历史文化
五岳名山：恒山衡山嵩山的文化
三山美名：三山美景与历史文化
佛教名山：佛教名山的文化流芳
道教名山：道教名山的文化流芳
天下奇山：名山奇迹与文化内涵

自然遗产

天地厚礼：中国的世界自然遗产
地理恩赐：地质蕴含之美与价值
绝美景色：国家综合自然风景区
地质奇观：国家自然地质风景区
无限美景：国家自然山水风景区
自然名胜：国家自然名胜风景区
天然生态：国家综合自然保护区
动物乐园：国家动物自然保护区
植物王国：国家保护的野生植物
森林景观：国家森林公园大博览

西部沃土

古朴秦川：三秦文化特色与形态
龙兴之地：汉水文化特色与形态
塞外江南：陇右文化特色与形态
人类敦煌：敦煌文化特色与形态
巴山风情：巴渝文化特色与形态
天府之国：蜀文化的特色与形态
黔风贵韵：黔贵文化特色与形态
七彩云南：滇云文化特色与形态
八桂山水：八桂文化特色与形态
草原牧歌：草原文化特色与形态

东部风情

燕赵悲歌：燕赵文化特色与形态
齐鲁儒风：齐鲁文化特色与形态
吴越人家：吴越文化特色与形态
两淮之风：两淮文化特色与形态
八闽魅力：福建文化特色与形态
客家风采：客家文化特色与形态
岭南灵秀：岭南文化特色与形态
潮汕之根：潮州文化特色与形态
滨海风光：琼州文化特色与形态
宝岛台湾：台湾文化特色与形态

中部之魂

三晋大地：三晋文化特色与形态
华夏之中：中原文化特色与形态
陈楚风韵：陈楚文化特色与形态
地方显学：徽州文化特色与形态
形胜之区：江西文化特色与形态
淳朴湖湘：湖湘文化特色与形态
神秘湘西：湘西文化特色与形态
瑰丽楚地：荆楚文化特色与形态
秦淮画卷：秦淮文化特色与形态
冰雪关东：关东文化特色与形态

节庆习俗

普天同庆：春节习俗与文化内涵
张灯结彩：元宵习俗与彩灯文化
寄托哀思：清明祭祀与寒食习俗
粽情端午：端午节与赛龙舟习俗
浪漫佳期：七夕节俗与妇女乞巧
花好月圆：中秋节俗与赏月之风
九九踏秋：重阳节俗与登高赏菊
千秋佳节：传统节日与文化内涵
民族盛典：少数民族节日与内涵
百姓聚欢：庙会活动与赶集习俗

民风根源

血缘脉系：家族家谱与家庭文化
万姓之根：姓氏与名字号及称谓
生之由来：生庚生肖与寿诞礼俗
婚事礼俗：嫁娶礼俗与结婚喜庆
人生遵俗：人生处世与礼俗文化
幸福美满：福禄寿喜与五福临门
礼仪之邦：古代礼制与礼仪文化
祭祀庆典：传统祭典与祭祀礼俗
山水相依：依山傍水的居住习俗

衣食天下

衣冠楚楚：服装艺术与文化内涵
凤冠霞帔：佩饰艺术与文化内涵
丝绸锦缎：古代纺织精品与布艺
绣美中华：刺绣文化与四大名绣
以食为天：饮食历史与筷子文化
美食中国：八大菜系与文化内涵
中国酒道：酒历史酒文化的特色
酒香千年：酿酒遗址与传统名酒
茶道风雅：茶历史茶文化的特色

国风美术

丹青史话：绘画历史演变与内涵
国画风采：绘画方法体系与类别
独特画派：著名绘画流派与特色
国画瑰宝：传世名画的绝色魅力
国风长卷：传世名画的大美风采
艺术之根：民间剪纸与民间年画
影视鼻祖：民间皮影戏与木偶戏
国粹书法：书法历史与艺术内涵
翰墨飘香：著名书法名作与艺术
行书天下：著名行书精品与艺术

汉语之魂

汉语源流：汉字汉语与文章体类
文学经典：文学评论与作品选集
古老哲学：哲学流派与经典著作
史册汗青：历史典籍与文化内涵
统御之道：政论专著与文化内涵
兵家韬略：兵法谋略与文化内涵
文苑集成：古代文献与经典专著
经传宝典：古代经传与文化内涵
曲苑音坛：曲艺说唱项目与艺术
曲艺奇葩：曲艺伴奏项目与艺术

博大文学

神话魅力：神话传说与文化内涵
民间相传：民间传说与文化内涵
英雄赞歌：四大英雄史诗与内涵
灿烂散文：散文历史与艺术特色
诗的国度：诗的历史与艺术特色
词苑漫步：词的历史与艺术特色
散曲奇葩：散曲历史与艺术特色
小说源流：小说历史与艺术特色
古典精华：四大古典小说的传奇
小说经典：著名古典小说的魅力

歌舞共娱

古乐流芳：古代音乐历史与文化
钧天广乐：古代十大名曲与内涵
八音古乐：古代乐器与演奏艺术
鸾歌凤舞：古代大曲历史与艺术
妙舞长空：舞蹈历史与文化内涵
体育古项：体育运动与古老项目
民俗娱乐：民俗运动与古老项目
刀光剑影：器械武术种类与文化
快乐游艺：古老游艺与文化内涵
开心棋牌：棋牌文化与古老项目

科技回眸

创始发明：四大发明与历史价值
科技首创：万物探索与发明发现
天文回望：天文历史与天文科技
万年历法：古代历法与岁时文化
地理探究：地学历史与地理科技
数学史鉴：数学历史与数学成就
物理源流：物理历史与物理科技
化学历程：化学历史与化学科技
农学春秋：农学历史与农业科技
生物寻古：生物历史与生物科技

传统美德

君子之为：修身齐家治国平天下
刚健有为：自强不息与勇毅力行
仁爱孝悌：传统美德的集中体现
谦和好礼：为人处世的美好情操
诚信知报：质朴道德的重要表现
精忠报国：爱国精神的巨大力量
克己奉公：强烈使命感和责任感
见利思义：崇高人格的光辉写照
勤俭廉政：民族的共同价值取向
笃实宽厚：宽厚品德的生活体现

悠久历史

古往今来：历代更替与王朝千秋
天下一统：历代统一与行动韬略
太平盛世：历代盛世与开明之治
变法图强：历代变法与图强革新
古代外交：历代外交与文化交流
选贤任能：历代官制与选拔制度
法治天下：历代法制与公正严明
古代税赋：历代赋税与劳役制度
三农史志：历代农业与土地制度
古代户籍：历代区划与户籍制度

戏苑杂谈

梨园春秋：中国戏曲历史与文化
古戏经典：四大古典悲剧与喜剧
关东曲苑：东北戏曲种类与艺术
京津大戏：北京与天津戏曲艺术
燕赵戏苑：河北戏曲种类与艺术
三晋梨园：山西戏曲种类与艺术
三秦戏苑：陕西戏曲种类与艺术
齐鲁戏台：山东戏曲种类与艺术
中原曲苑：河南戏曲种类与艺术
江淮戏话：安徽戏曲种类与艺术

强健之源

中国功夫：中华武术历史与文化
南拳北腿：武术种类与文化内涵
少林传奇：少林功夫历史与文化
南尊武当：武当功夫历史与文化
大道无形：太极拳的历史与文化
平衡之美：阴阳调和的思想内涵
第五发明：中医历史与文化内涵

信仰之光

儒学根源：儒学历史与文化内涵
文化主体：天人合一的思想内涵
处世之道：传统儒家的修行法宝
淡定人生：禅宗历史与禅学文化
上善若水：道教历史与道教文化
先祖背影：人文始祖崇拜与信仰
自然图腾：萨满教历史及其文化
护航天使：妈祖信仰与妈祖文化
心灵之依：民间宗教与民间信仰
万事如意：民间吉神与文化内涵

历史长河

兵器阵法：历代军事与兵器阵法
战事演义：历代战争与著名战役
货币历程：历代货币与钱币形式
金融形态：历代金融与货币流通
交通巡礼：历代交通与水陆运输
商贸纵观：历代商业与市场经济
印纺工业：历代纺织与印染工艺
古老行业：三百六十行由来发展
养殖史话：古代畜牧与古代渔业
种植细说：古代栽培与古代园艺

梨园谱系

苏沪大戏：江苏上海戏曲与艺术
钱塘戏话：浙江戏曲种类与艺术
荆楚戏台：湖北戏曲种类与艺术
潇湘梨园：湖南戏曲种类与艺术
天府戏苑：四川戏曲种类与艺术
滇黔好戏：云南贵州戏曲与艺术
八桂梨园：广西戏曲种类与艺术
闽台戏苑：福建戏曲种类与艺术
粤琼戏话：广东戏曲种类与艺术
赣江好戏：江西戏曲种类与艺术

千秋教化

教育之本：历代官学与民风教化
文武科举：科举历史与选拔制度
教化于民：太学文化与私塾文化
官学盛况：国子监与学宫的教育
朗朗书院：书院文化与教育特色
君子之学：琴棋书画与六艺课目
启蒙经典：家教蒙学与文化内涵
文房四宝：纸笔墨砚及文化内涵
刻印时代：古籍历史与文化内涵
金石之光：篆刻艺术与印章碑石

文化标记

龙凤图腾：龙凤崇拜与舞龙舞狮
吉祥如意：吉祥物品与文化内涵
花中四君：梅兰竹菊与文化内涵
草木有情：草木美誉与文化象征
雕塑之韵：雕塑历史与艺术内涵
壁画遗韵：古代壁画与古墓丹青
咫尺之美：扇面书画与民间版画
雕刻精工：竹木骨牙角匏与工艺
百年老号：百年企业与文化传统
特色之乡：文化之乡与文化内涵

杰出人物

文韬武略：杰出帝王与励精图治
千古忠良：千古贤臣与爱国爱民
将帅传奇：将帅风云与文韬武略
思想宗师：先贤思想与智慧精华
科学鼻祖：科学精英与求索发现
发明巨匠：发明天工与创造英才
文坛泰斗：文学大家与传世经典
诗神巨星：天才诗人与妙笔华篇
画界巨擘：绘画名家与绝代精品
艺术大家：艺术大师与杰出之作